人生でひとつでも、夢中になれることを見つけられた人間は幸せ者だ。
ある日、雪とスキーに魅せられた男が、新たな雪と感動を求めて旅に出た。
スキーを担ぎ、国境のない地図を片手に。

旅立ち

「なんか忘れ物してるんじゃないかな〜」なんとも居心地が悪い気分だった。

旅を重ねる度に、明らかに荷物が軽くなってきている。もちろん、スキーなどの装備が軽量化されたこともあるけれど、40代半ばに差し掛かって、旅のスタイルが徐々に変わってきたからだろう。20代の頃は、荷物の重さなんて気にしていなかった。当時はオーバーチャージがうるさくなかったということもあるけれど、長期の旅の中で移動は一瞬のことで、滞在中の充実を大切にしていたからだ。

パウダー用のスキー、少し細身のスキー、スペアのスキーと3本持ち。ポール、グローブ、ゴーグルなど、アクセサリー系はスペア2つくらいずつ持っていたし、スポンサーが提供してくれたウェアを3セット、普段着もたくさん。文庫本10冊、エッチ本3冊…といった具合に。そりゃあもう、腕がちぎれるくらいの重たい荷物だったけど、荷物と同じくらいたっぷりの夢を詰め込んで旅をしていた。そんな自分が、今回の旅ではスキー用具一式（スペアなし）、下着各3枚、防寒着上下、山装備適量、パソコン、カメラ、以上。エコノミークラスが無料で預けられる荷物は23kg×2で、以前はその制限を超えて、幾度となくオーバーチャージを支払ってきたけれど、今回はスキーバッグ15kg、キャスターバッグ10kg。荷物一つにまとめられるんじゃない？　というくらい、スッキリ荷物で仕上がったのだ。あまりにもバッグがスカスカすぎて、何か忘れているんじゃないかと、そわそわ落ち着かなかった。

忘れ物の最終チェックをしていると、圭くんからLINEが入った。『もうすぐ着くよ〜』『了解！』スキーバッグとキャスターバッグを玄関の外に出した。まだ2月だというのに暖かい朝だ。毎年、パウダースノーに背中を向けて旅立つ俺たちだけど、今年は後ろ髪を引かれることはなさそうだ。「よっしゃ〜！　行ってくるわ！」と家族に告げると、長男の航青が「とっと、これ」と千円を俺に手渡した。「俺と銀士からだよ。気をつけて行ってきてね！」なんてこった！小5と小2の息子が、少ないお小遣いから俺に餞別を！我が子ながら良い子に育ったものだ。親はなくとも子は育つとはこのことだ！こうして、俺が楽しいだけの旅を快く応援してくれ、無事の帰国を願っていてくれる家族。「俺は本当に幸せものだ」としみじみ思っていた。そのとき、携帯の着信音が鳴った。「お？　圭くんだ。着いたかな？」外を見たけれど、まだ車は止まっていなかった。「もしもーし、どうした？」「たけちゃ〜ん、ごめん！　俺、とんでもないことやらかしちゃったわ〜！」「え…？」とんでもないことって、なんだろうか？　事故ったとか？　それとも忘れ物？　なんだなんだ？「ど、どうした？」「カメラバッグを忘れちゃった…」「…は？」今朝は札幌にステイしていたはずだから、取りに帰っても大したロスにはならないはずだ。それがとんでもないこと？「カメラバッグって、どこに？」「…上富良野！」上富良野まで車で片道3時間。飛行機の時刻、3時間後…。「ま、まじで？！」滅多なことでは驚かない俺も、さすがに大声をあげてしまった。何か忘れること

は多々あるけれど、カメラバッグ丸ごととなると話が別だ。カメラがなければ何をしに行くか分からないではないか。「どうしよう…？」と方策を求める圭くんに対して、返す言葉がないどころか、俺の脳ミソはしばらくの間フリーズして使い物にならなかった。「とりあえず、俺はそのままのプランで向かい始めてみるよ」と圭くんに告げると、圭くんはやけっぱちな口調で言った。「もう、どうしていいか分からないけど、とりあえず上富良野に向けて走ってみる」電話を切って家の中に戻ると、嫁さんが「あれ？　どうしたの？忘れ物？」と聞いてきた。「いや〜、圭くん、やっちゃったわ」「え？」「カメラバッグを上富良野に忘れてきたって…」「…え？！　どうするの？」「分からない…。とりあえず、俺だけで空港に向かってみる」子供達がポカンと口を開けてこっちを見ていた。車に荷物を載せて、さぁ走り出そうと思ったとき、圭くんから再び着信が入った。「タケちゃん！　いま、富良野に住んでる長友くんに連絡取れて、上富良野にカメラバッグを取りに行って新千歳空港まで持ってきてもらうようお願いしたよ！　うまく行けば間に合うかも！　だから、やっぱりタケちゃんの家に迎えに行くよ。二人で空港に向かおう！」「おお！　おお！」脳ミソがショートして、煙が上がりそうだった。圭くんはゲストハウスをやっていて、たまに長友くんに仕事を頼むことがあったので、家のスペアキーを渡してあったのだ。しかし、現在時刻7時45分。搭乗時間が11時で、20分前に保安検査場を通過しなければならないことを考えると、タイムリミットは3時間を切っている。長友くんが住んでいる富良野から上富良野まで20分。カメラのピックアップに5分。上富良野から国道を占冠まで抜けるまでが1時間。そこから高速を飛ばして空港まで2時間…。到着予定時刻は…11時10分！　順調に運んだとしてもこの時刻なのだ。しかし、圭くんは妙に落ち着いた口調で言った。「長友くんならやってくれるはず」こうなると俺たちの旅全てが、長友くんにかかっているようなものだ。空港に向かっている最中も、空港で長友くんを待っている時も、圭くんは落ち着いていた。間に合うとしたら奇跡レベルだというのに、なんという長友くんに対する信頼感なのだろうか。すると、9時45分に長友くんから圭くんに電話がきた。「はいはい！　今どこ？　…え？　着いた？」へ？　着いたってどこに？「タケちゃん、長友くん、今空港に着いたってさ！」「…長友くん、神！！」今、俺たちの目の前で奇跡が起こっていた。長友くんに連絡してから、わずか2時間しか経っていないではないか！　そんな長友くんは、涼しい顔で言うのであった。「途中、あまり記憶がないですね」まさに、オーマイゴッドである。世の中には、人知を超えた現象があるのだ。大きなトラブルを解消すると、多少のトラブルは鼻歌で流せるようになる。福岡空港での乗り換え時間に余裕がなさすぎて、滑り込みセーフだったけど、俺たちは「今ならなんでも笑顔で超えられる」ハッピーモードに入っているのだ。中国国際航空のスタイルの良いCAさんに目を奪われながら、ようやく異国の地に旅立つ実感が込み上げてきた。

今回向かうのは、お隣の国であり日本とは何かと関わりの深い中国だ。「なぜ中国に？　しかもスキーで？」というのが、ほとんどのリアクションだと思う。まず、初めてこのシリーズ本を手にする人のために、旅の趣旨を簡単に説明しておかなければならない。スキーと旅が大好きなプロスキーヤー児玉毅（俺）が、人生を通じて世界中の雪山を追いかけるべく、ボンヤリと浮かべていたアイディアに、スノーボードと旅が大好きなフォトグラファーの佐藤圭（圭くん）が賛同して立ち上がったプロジェクトだ。インパクトを重視して選んだ最初の国レバノンを皮切りに、モロッコ、アイスランド、カシミール地方、ロシア、ギリシャと全く異なる雪や文化を旅してきた。旅を始めた初期は、気の赴くままに、興味をそそる場所を選んできた。しかし、回を重ねていくうちに、前回とイメージが違う場所や今まで行ったことがない文化圏など、全体のバランスも考えるようになった。そんな中で、一度は行っておかなければならないと思っていたのが中国だ。一つの旅として考えるならば、旅先に上がらない国だったかもしれない。しかし、この国には長い歴史と独特の文化や文字があり、「地球を滑る旅」全体として考えた時、欠かせないエッセンスになるに違いなかった。それでも、なかなか行く決心がつかなかったのは、「それでは、どこに滑りに行くのか」具体的なイメージが湧いてこなかったからだ。そうこうしているうちに、この国で冬季五輪の開催が決定し、習近平のスノースポーツ人口3億人計画により、とんでもない勢いでスキー場が乱立していった。しかし、そのほとんどが、莫大な初心者に対応するための、その場凌ぎのスキー場開発だった。森林が伐採され、土が削られ、人工雪が帯のように敷かれたスノーリンク。さらには、次々と建設されて行く巨大な屋内スキー場。それは、日本が過去に経験したスキーバブル期のように危うさを内包した過熱ぶりだった。このような状況を知って「きっと、中国にスキーを滑りには行かないだろう」そう思っていた。

そんなある日、いつもの趣味で世界中のスキー場をリサーチしていた俺に、気になる情報が入った。それは『中国で行っておくべきスキー場10選』なるもので、「そんな場所あるのかよ」と思いながら、全く期待せずにページを開いてみた。そこで俺の目に止まったのは、二つのスキー場だった。一つは、北朝鮮と中国の国境線付近にある長白山（チョウハクサン）スキー場。そこは、朝鮮人の聖地と言われる白頭山に近く、「日本人が行ったら不味そうな場所」という怪しい魅力があると同時に、中国では珍しい天然雪を楽しめるエリアということだった。もう一つは、雲南省の麗江（レイコウ）という世界遺産の街からほど近くにある、玉龍雪山（ギョクリュウセツザン）スキー場だ。景勝地として有名な玉龍雪山の山頂駅に、小規模ではあるけれどスキー場があるという。標高4,700mにある規格外のスキー場なので、滑走パフォーマンスを求めることはできないと思うけれど、スキー場の背景になるアルパインが息を呑むような美しさであることは間違いない。俺は、中国に行ってみたいという気持ちが湧き上がってくるのを感じていた。しかし、全く一貫性が

ない二つの点を結ぶような旅だけでは、実際に踏み切る動機付けとしては弱かった。そんなとき、中国人の友人伝手に耳寄りな情報が舞い降りてきた。中国の北西端に位置するウイグル自治区の中でもカザフスタンとの国境寄りに、阿爾泰（アルタイ）という豪雪地帯があるらしい。阿爾泰市に本格的なスキー場があり、郊外にはモービルやキャットのみの広大なバックカントリースキー場があるというのだ。急激に心を奪われる俺たちの心をさらに決定づける情報があった。それは、この地域で2万年前に描かれたというスキーの壁画が発見され、スキー発祥の地として認定されたという事実だった。そして、今もなお、2万年前と同じ製法で古代スキーが作られ、使われているというのだ！

「ぜっっったいに行きたい！！」圭くんが興奮のあまり少し震えながら言った。しかし、俺たちの頭の中は、混乱していた。近未来的なスキーエリアとして発展を遂げる中国に、北朝鮮との国境線にある危うげなスキー場があり、とんでもない山岳スキー場があり、古代スキー発祥の豪雪地帯があるというのだ。宝石の原石を見つけた気分だったけど、このあまりにもバラバラな点を、俺たちは一つの旅でどう結べば良いのだろうか。そのとき、ひとつのキーワードがふと頭をよぎった。「タイムスリップだ…」それは、スキーの歴史が深いヨーロッパで、過去をたどって行くような旅とは全く違っていた。2万年前と現在という時空を超えて、スキーを訪ねる旅と言ったら大袈裟か？ 正直言って、この旅によって何が見出されるのか、見当もつかない。しかし、この旅のテーマは、スキーの神様からプレゼントされたように思えてならなかった。

越えられない国境

大連までたった2時間のフライトだけど、一応は国際線ということで、機内食が出るのが嬉しかった。思えば、早朝から15時まで、飲み物や食べ物を口にする余裕など全くなかったのだ。「これが最初の中華料理だ!」と、勢いよく蓋を開けてみたら牛丼だった…。仕方ないので、青島ビールを飲みながら中国4000年の歴史に想いを馳せていると、飛行機はいつのまにか着陸態勢に入っていた。「近っ!」窓から外を覗くと、大連の街には靄がかかり、地面を覆い尽くす集合住宅の森が霞の中からニョキニョキと顔を出し、なんとも言えない不気味な雰囲気を放っていた。それに、靄だと思っていたのはPM2.5である…。中国北東部およびロシア極東部で大規模な森林火災が起きており、その影響で最近は特に空気が悪いというのだ。空港に到着して、まず俺たちが直面したのは、想像を超える言葉の壁だった。到着口のそばにある店でSIMカードを購入しようとしたら、店員のお姉ちゃんは全く英語を解さず、面倒臭そうにあしらわれてしまった。俺たちの地元北海道では中国人は珍しくない。それどころか、スキー場に行けば日本人より中国人の方が多いことだってザラなのだ。しかし、彼らとコミニュケーションをとるとき、最低でも単語程度の英語は通じていたし、日本と同じ漢字を用いる国なのだから、多少はコミュニケーションを図れるだろうと高をくくっていたのだ。ところがどっこい、比較的外国人が多く訪れるであろう空港のお店やインフォメーションですら、英語を1ミリも解さないときたもんだ。仕方ないので、思い当たる漢字を並べて筆談を試みたけれど、手応えはゼロ。これからの旅に暗雲が立ち込めてくるのを感じていた。「らちがあかないから、とりあえずタクシーでホテルに向かおう」と圭くんが言ったのと同時に、いかにも怪しげな男が擦り寄って来た。いよいよ始まったか。俺たちは、中国よりもはるかにウザいモロッコやインドでの客引きを経験しているので、その種の人の放つ「ズルい」オーラを感じ取ることができるのだ。きっと、白タクの客引きなのだろう。トラブルの種になるので関わらない方が良さそうだ。すると、男はカタコトの日本語を駆使して言った。「わ〜た〜し〜は、く〜こ〜の、せ〜き〜にんしゃ〜です」「うそつけ!」無視しようと思っていたけれど、咄嗟に反応してしまった。あまりに下手くそな嘘すぎて、逆に心配になってしまう。その嘘では、よっぽどトボケた日本人しか騙せないだろう。「この荷物だったら、2台じゃなきゃ無理だ」という運ちゃんたちをかいくぐり、筋肉痛になるくらいのゼスチャーで交渉した末、荷物を1台のタクシーにすし詰め状態でホテルに向かったのだった。まぁ、結局、ぼったくられたけど(涙)。

翌朝、再び大連空港に移動した俺たちは、長白山行きの小型飛行機に乗り込んだ。圭くんはカメラを膝上に置き、いつでも写真が撮れるようスタンバイしている。もう随分前のことだが、俺が使っているスキーのメーカー(アトミック)の事業部長をやっていたキムさん(在日韓国人)に「いつか『地球を滑る旅』で白頭山に行ってほしいな〜」と言われたことがある。中国と北朝鮮の国境沿いにあるこの山は、中国側では長白山と呼ばれ、朝鮮側では白頭山と呼ばれている。白頭山は海抜2,744m。半島では最も高い山だ。そして、この山は、日本の「伊奘諾、伊弉冉のみこと」のような開国神話の舞台でもある。はるか昔、天の神である桓因(ファンイン)に桓雄(ファンウン)という息子がいた。桓雄は人間世界を良くするために、風、雲、雨を操る神々とともに人間世界に降りてきた。この時、虎と熊が桓雄のもとにやってきて人間になりたいと伝えると、桓雄は虎と熊に「百日間、洞窟でニンニクとヨモギだけを食べて暮らせば人間にしてやろう」と伝えた。虎は我慢できずにリタイヤしたが、最後まで我慢した熊は、百日後、美しい女性となって桓雄と結婚。韓民族の始祖である壇君(ダンクン)が生まれたのだという。

古代神話によくありがちな、全くロマンチックではない逸話だけど、どうやら白頭山は韓国人にとっても聖地であり、霊山でもあるようだ。中国と北朝鮮の国境と聞くと、なんとなくヤバそうなイメージだけど、朝鮮民族の神話が残る聖地だなんて、なんか魅力的だなぁ。俺は軽い感じで受け止めていた。しかし、飛行機の中で読んだ本で、初めて白頭山にまつわる歴史を紐解いた俺は、日本人がこの山を訪れる事の重大さに、ようやく気づくのだった。20世紀に入り、日本の抑圧を受け消滅の危機に瀕した朝鮮人は、民族という新たな発見に至り、白頭山こそが朝鮮民族のナショナリズムの象徴だという思想が強まっていった。第二次世界大戦前は満州国との境界であったことから、白頭山麓の針葉樹の密林は反満抗日ゲリラの拠点ともなり、しばしば日本軍によるゲリラ掃討戦が繰り広げられた。そして、そのゲリラ(反日パルチザン)の指導者だったのが、後に北朝鮮の国家主席となる金日成だった。いわば、白頭山は金ファミリーを象徴する山でもあるのだ。そんな聖地を巡って重大な事件が起こる。1962年、金日成は中国と極秘条約を結び、朝鮮戦争支援への見返りとして、白頭山の半分を中国に譲り渡してしまったのだ。民族共有の聖地を好き勝手された大韓民国は当然黙ってはいない。現在も、この山の領有権を巡って様々な論争や運動が起き、中国を警戒させているという中国を警戒させているという(もしかして、やばいところに来ちゃった?)。

スキーを滑りに来たというのに、胸の中にズッシリと鉛が詰まったような気分でいると、高度を下げ始めた飛行機の窓からカメラを構えながら圭くんが言った。「タケちゃん、見えてきたよ」。見下ろすと、さっきまでの霞んだ空気ではなく、澄み渡った景色が広がっており、細い白樺の樹海の中に「いかにもスキー場」という感じの伐採林が目に飛び込んできた。大地にはうっすらしか雪がないけれど、スキー場にだけは分厚く雪が乗っているようで、空からでも白く輝いて見えた。もしかして、スキー場の裏側に滑られるバックカントリーなんてあったら…と淡い期待を抱いていたけれど、それが甘い考えだったということを空の上から悟ってしまった。「雪、ね〜〜〜ックス!」この国のスキーヤーが、まるで民族大移動のように北海道を目指す中、それとは全く逆行した旅をしている俺たち。俺たちは、雪質ではない新しい体験を求めて、海外に出かけて行くのだ。たとえ雪が少なかろうと、雪が硬かろうと関係ない! とまでは言わないけど、それはそれで味わいがあるはずだ(強がり)。

細い白樺がメインの雑木林が道脇に広がり、程なくして埃っぽい街に突入して行った。「チベットにそっくりだなぁ」と圭くんが呟いた。チベットにそっくりイコール、あまり快適じゃなさそうという意味だ。札幌の琴似ほどの賑わいがあるメインストリートから、飲食店街のようなところに入ると、飲食店に囲まれるようにして、俺たちが滞在する東北ホテルがそこにあった。まず、俺たちの目に飛び込んできたのは「漢字」だ。赤と黄色を基調とした店の看板が、大きさや派手さを競い合うようにして町全体を埋め尽くしていた。横浜中華街によく行くので、このような街並みは見慣れていたけれど、改めて独特の文化だと感じていた。ホテルのフロントでは、やっぱりコミュニケーションが全く取れなかった。フロントの姉ちゃんはbooking.comの予約をどのように処理して良いかわからないようで、結局、booking.comの予約を無視して(それで良いのだろうか?)直接部屋を取ることになった。すると、部屋の料金は半額になり、さらにはデラックスルームにグレードアップしてくれた。中国に来てからというもの、言葉のわからない俺たちに、みんな熱心に対応してくれている。めっちゃ面倒くさいと思うんだけど、ちゃんと理解するまで付き合ってくれるのだ。俺が日本で、ここまで中国の人に熱心に対応しているかというと、答えはNOだ。中国の人たちはグループでいることが多く、なかなか個人とコミュニケーションを図ることがなかったこともあるけど、「マナーが悪い人たちだな〜」とか「声が大きくてうるさい人たちだな〜」とか、ちょっと偏見混じりで、一歩引いたスタンスを取っていたのが実際のところだ。それとは対照的な、中国の人たちの優しくて面倒見が良い対応に、今までの自分が物凄く恥ずかしく思えた。今度から、日本で中国の人たちに接するときは、思いっきり親切にしようと心に誓うのだった。

ホテルに到着してまだ11時という早い時間だったけれど、慌ててスキー場に向かうことはせず、今日はゆっくり街を散策したり、昼寝して過ごすことにした。何しろ、12月頭にシーズンが始まってからというもの、ほとんど休みなしで走りつづけて来たのだ。この旅は、仕事であり、趣味であり、休息でもあるのだ。昨日、たっぷり眠りすぎて、俺も圭くんも4時くらいには目が覚めていた。時差がたった1時間しかないのに、時差ボケになったみたいだ。タクシーを呼んだのは朝9時。それまで5時間も暇なのなんって。こんな時はネットサーフィンに限るんだけど、なにせ中国は悪名高きネット規制国家だ。Twitter、Facebook、InstagramなどのSNSや、GmailやGooglemap、YouTubeなどグーグルのサービス全般、そして、大切な通信手段となっているLINEに至るまで利用できない。要するに、見たいものは大体見られないのだ。「そんなの無理!」って感じだけ

ど、一応、接続するための裏技が存在する。VPNアプリというやつを使うのだ。ネット監視が常時行われている中国だが、VPNを利用すると、通信内容を暗号化することができるので、監視の目を潜り抜けられるというわけ。しかし、中国政府はVPNサービスを一網打尽に規制するようになったらしく、現在使えなくなっていたり不安定になっているVPNも多数存在するとか。こんな状態なので、辛うじてVPNに接続できているだけで、ありがたいと思わなければならない。しかし、VPNに接続するまでに、長い時で30分。繋がったとしても20年前のネット環境を思わせる遅さなのだ。携帯の画面を睨みつけすぎて、顔面神経痛になりそうだ。俺は携帯電話を放棄して、窓の外を眺めた。徐々に色づき始めた空を見上げて、今日は一日中、透き通った快晴が広がることを確信していた。

なんだろうか、この心の落ち着きようは…。日本にいるときは、気温、風、降雪量をいつも気にしているし、良い条件が目の前に広がっていると、ついついソワソワしてしまう。雪は常に変質し、同じ姿をとどめていないと思っているからだ。しかし、ここ長白山は、何週間も降雪がないのは当たり前。ほぼ毎日が快晴で、カチンコチンの雪が超低温保存されているのだ。はっきり言って、いつ山に行っても状況は変わらない。だから、ゆっくり構えていられるという意味では、良いのかもしれない。

俺たちを乗せたタクシーは埃っぽい街を抜け、殺風景な冬の畑地を越え、やがて森の中に突入していった。「おお、なんか、それらしくなってきたんじゃない？」と圭くんが言ったかと思うと、あっけなく森を抜け、スキー場よりも先に要塞のように立ちふさがるホテル群が目に飛び込んで来た。「な、なんだこりゃ？」スキー場はというと、ホテルに隠れてしまいそうな小さな山で、その頂上から360度全てスキー場という感じだ。ここまでスキーと宿泊施設のバランスが悪いスキーリゾートは初めてだ。もし、この宿泊施設が全て満員になったら、スキー場はどんなことになってしまうのだろうか。それに、まだまだ新しいホテルが建設中ときたもんだ。バブル期の日本のスキー場は「ひとコブに一人」と揶揄されるくらい混み合っていたものだが、そんなもんじゃ済まないだろう。さて、スキー場に到着し、小綺麗なスキーセンター前でタクシーを降りた俺たちだが、物凄く場違いな所に来てしまった気分でいっぱいだった。俺たちは、今まで様々な怪しいスキーエリアを訪問してきた。日本とは全く違うスキー文化の中、明らかに浮きまくっていたけれど、スキー場の奥には、必ず現地の人が足を踏み入れることのないバックカントリーが広がっていて、「ここが俺たちの居場所だ」と思うことができた。しかし、バックカントリーでの滑走が見込めないことが分かりきっている今、俺たちができることは何だろうか…。でも待てよ、俺は一般に呼ばれているビッグマウンテンスキーヤーという肩書きに、自ら縛られて活動してはいないだろうか？　そんな意識で活動しているうちは、成熟したプロスキーヤーとは言えないのではないか？　自分の固定概念に縛

られず、まっさらな心で世界のスキー文化を旅することが、この旅の大きな意義なのではないだろうか。

俺は、気持ちを無理矢理入れ替えてスキーセンターに入っていった。中国には、どんな素敵なスキー文化があるのだろうか？　という瑞々しい気持ちで…。そんな俺の目に最初に飛び込んで来たのは、カラオケボックスだった。「よし、とりあえず、一曲歌うか…って、歌うか！ボケ！」100％道産子の俺だが、関西人ばりのノリツッコミをせずには、この状況に反応しきれなかった。あまりの唐突さに驚き慄いていると、今度は次々とスキーセンターに入ってくるスキー客の格好を見て、口があんぐりしてしまった。スノーボーダーは、もれなくカメやパンダ、ピカチューなどのぬいぐるみプロテクターをお尻と両膝につけ、ヘルメットにも何やらよくわからないキャラクターをつけている。やたらと動きにくそうだし、ファッション的にそれでいいの？まぁ、ある意味中国にしかないスノー文化を見れたわけで、俺は変にコーフンしてしまった。

ところで困ったのが、中国に来てからというもの、一度だってクレジットカードを切って支払いをできたことがないことだ。俺たちの旅は、今までの怪しい国(失礼)も含めて、クレジットカードでの支払いが9割を占めていた。なので、あまり多くのキャッシュを持ち合わせておらず、このままではあっという間に現金が底をつきそうでハラハラしていた。そもそも、もっと事前にお国の事情を調べて用意するのが当たり前だけど、現地で痛い目に合いながら、ギリギリクリアしていくのが俺たちの旅のスタイルでもあるのだ…。とは言ってみたけれど、今回ばかりはちゃんと調べておけば良かったと反省していた。でも、観光地ならVISAは大体使えるとの情報があるんだけどな〜。ちょっと待てよ。ここに来てからというもの、外国人の観光客なんていたか？「俺たち日本人」と言うとみんな珍しそうにしているし、ホテルのフロントやスキー場のチケットカウンターのスタッフも、英語の1単語だって喋れないのだ。どうやらここは、中国人にはメジャーでも、外国人には超マイナーな観光地のようだ。

こうして、やたらと苦労してリフトチケットをなけなしの現金で購入(約1,800円)すると、「ヘルメットが必須よ」とスタッフのお姉ちゃんに言われた。今まで世界中いろんなスキー場を巡って来たけれど、ヘルメット着用義務のあるスキー場は初めてだ。遠慮なく言わせてもらえば、今まで行ったスキー場の中で、規模も斜面も低レベルのスキー場なのに…。しかし、スキー場に出て行くとすぐに納得した。あっちこっちで滑落している人、人、人…。ほぼ全員滑落しているし(笑)コースが狭くて、結構急で、底地がコンクリートのように硬いのだ。「仕方ないな〜」ここは、プロスキーヤーの滑りを見せてあげなければなるまい。すでにカメラを構えている圭くんに気付いていた中国人スキーヤーたちが、興味津々な表情で俺を注視していた。もしかしたら、俺が放つオーラにも気づいているかもしれない。ここはひとつ、見せてやろうじゃないか！「見ろ！　これが日本のプロスキーヤー

だ！」俺はポールで勢いをつけて斜面に滑り出した。1ターン目。全くエッジが食い込まず、やや落とされるも、バランスを取りながら次のターンに繋げた。勢いに乗ったまま、斜面のど真ん中で軸を思い切り倒し、スプレーを上げながら深いターンに入っていく。「おりゃ〜〜〜！」様々な雪を体験してきた俺は、どんな雪質でも美しいシルエットでスプレーを巻き上げるターンができる自信があった。しかし…！あまりにも硬い雪面は、エッジがかかるきっかけに乏しく、エッジがすっぽ抜けそうになった。「や、やべぇ！」半ば滑落しそうになりながら、慌ててエッジを雪面に噛ませようとしたら、谷足のスキーがあえなく外れてしまった。「だ、ダッセ〜〜〜！！」俺は、そのまま勢いよく滑落していき、生まれて初めてコース脇のネットに突き刺さり、鮭になるという醜態を晒したのであった。

まさか、中国の人工雪スキー場で、プロスキーヤー人生で3本の指に入るにカッコ悪い転び方をするとは！　しばらく醜態を晒したダメージで力が抜けた状態になっていたけれど、気持ちを切り替えて、撮影に良い斜面を探した。そして、ロープをくぐらない程度にコースサイドに残っているパウダーらしきものを蹴散らして、スプレーを巻き上げていった。「さすがターンの魔術師！」圭くんが褒めてくれたけど、さっきの転倒を引きずっているので、素直に喜ぶことができない。天然雪部分の積雪はわずか20cm。滑走面で下地(草地)の感触をもれなく感じ取れるほどの薄め具合だ。人工と天然が入り混じった、今にも怪我しそうな状況を、「これが中国流！」とプラス思考で誤魔化していた。それでも、滑っているうちに少しずつテンションが上がってきた。未圧雪コースにはパウダーが残っていて、ロープをくぐらなくとも、解放されたコースからスルスルとトラバースすればエントリーできそうだった。

ゴンドラから斜面をチェックしていると、さっき俺たちが撮影したコース脇にパトロールが立っていた。どうやら、俺たちが撮影しているのを発見して、他のお客さんが入らないようクローズするようだ。山頂に上がって予定していた斜面を覗き込むと、入口付近にやはりパトロールが立って睨みをきかせていた。どうやら俺たちは完全にマークされているようだ(今回は、なかなか厳しい撮影になるぞ…)。一瞬思ったけど、そもそもコース以外にほとんど雪がないのだ。こうなったら、開き直ってスキー場での良い写真を撮るじゃないか。幸い、硬い氷斜面をみんなが削った細かい粒がコース脇にたまり、そこでターンすると勢いよくスプレーが上がった。快晴と低温というだけでも恵みだと思わなければならない。

逆光を利用してスプレーが光る写真を撮り、長白山を遠くに臨みながら、リゾートタウンに飛び込むようにスピードを上げていく。スキー場ベースには、広大な初心者ゲレンデに長いスノーエスカレーターが縦に2機設置されていて、カラフルなスキーウェアを身にまとったビギナーたちで賑わっていた。「やっぱり中国に滑りに来れてよかった」と俺は思っていた。

言われることがある。近年、雪とは無縁の国々が、経済発展と同時にスキーブームを経験してきた。でも、経済とかそういうことを抜きにして、雪を無邪気に楽しむ人々を見れば、根底にあるのが見栄とかそんなつまらないものではないことを感じることができる。

なんて穏やかな昼下がりなんだろうか。俺の中の世界地図では、中国と北朝鮮の国境あたりは灰色に塗られたイメージだった。しかし、こうして澄み渡った青空の下、原生林の奥にそびえる長白山を眺めながら、満面の笑みで雪上を滑り抜けている。当たり前だけど、やっぱり空は繋がっているのだと、しみじみ思っていた。サハリンを滑った時も同じような感情だった。俺は、この土地に渦巻く重苦しい歴史を想いながらも、ただ滑ることで平和の唄を歌うのだった。コンディションや写真の撮れ高がどうかは置いておいて、とりあえず滑走初日を済ませたことで、俺たちは少しホッとしていた。

翌朝も早々にスキーの準備を済ませ、タクシーが来る時間を待っていた。「ようやく中国流に慣れてきたね〜」インターネットを使えば、翻訳ソフトがなんとかコミュニケーションを繋いでくれる。というか、翻訳ソフトがないとにっちもさっちもいかない状態だ。中国語会話の本をみて一生懸命質問したところで、返ってきた回答がさっぱりわからないからだ。まぁ、それらを全部含めて、俺たちは中国に慣れてきて、これからはスムーズに旅が運ぶ予感がじわじわ来ていた。

頼んだ時間よりも早くにドライバーは到着していた。きっちりジャケットを羽織り、髪をビシッとセットされた誠実そうなお兄さんで、石原軍団にいそうな男前だ。行き先は昨日のうちに伝えていたので、俺たちはタクシーの中で談笑しながら、昨日より少し遠出になる長白山への旅にワクワクしていた。今日向かうのは、長白山自体を滑ることができる天然雪100％のワイルドなスキーエリアで、リフトの代わりにキャットやスノーモービルでゲストを運んで滑らせてくれるんだとか。「それって、なまら高そうじゃない？」と心配していたけれど、調べてみると一人280元（約4,500円）で滑れるらしい。

やがてタクシーが大きなゲートをくぐると、道路脇にスキー大会やスキーメーカーの大きな看板が目立ち始めた。この辺に大きなスキー場でもあるのだろうか。「それにしても、全然長白山が見えて来ないよね。空気が霞んでいるからなのかな〜」辺りを見渡していると、長白山の代わりに平坦な丘の上に何本もリフトが架かったスキー場が見えてきた。「へ〜、こんなところにもスキー場があるんだ〜」と圭くん。「…ちょっと待ってよ。もしかして？！」嫌な予感が的中した。タクシーのお兄さんが、自信満々に「到着したよ」と言ったのだ。「ちょっとまって、ちょっと待って！ ここじゃないよ！」俺たちは大いに慌てて伝えようとするけど、俺たちの反応に驚いているのはお兄さんの方だ。「俺たちが行きたいのは、長白山天池雪スキー場！」散々見せたはずだけど、ネットで拾った情報を改めて見せる。お兄さんは怪訝な顔をしていたけれど、しばらく考えてから「はいはい！ わかったよ！」とスッキリした顔で言った。「よかった〜」と胸をなで下ろしていると、お兄さんが言った。「このスキー場はもう営業していないよ」「…マジで？！」日本人としては立地的にヤバそうなところだけど、ちゃんとスキー場として営業しているならば、大丈夫だと思っていたのだ。

それが、スキー場でもない国境付近の荒野をうろちょろしていたら、スパイ容疑で捕まっても文句は言えない。こうなったら、長白山天池の観光地まで行って、その辺の斜面を登って滑るしかないかもしれない。「とりあえず、長白山天池の観光地まで連れてって！」

タクシーは細い白樺の樹海が延々と広がる平坦地をひた走って行った。昨日スキー場から見たときは、結構近いと思っていたけれど、実際は結構遠いのだ。そして、40分くらいで長白山観光の玄関口となる施設に到着した。「よし、着いたよ。ところで、ここはスキーの持ち込みが禁止されているんだ」「それ、早く言ってよ！！」隣にいる圭くんが「俺たち何の為に来たんだ…」と放心状態になっている。いや、俺も放心状態になっている。スキーとスキーブーツを置いてスキーウェアで観光かよ！「圭くん、どうする？」「ちょっとまって、もう何も考えられない…」今から方向転換したとしても時間的に中途半端だ。ここは割り切って観光するしかないか…。

こうして、俺たちは一般観光客に混じり、観光バスに揺られて行った。長白山の麓は原生林が延々と広がり、手付かずの自然が残っているけれど植生に乏しく、単調な雑木林の殺風景が続く。車内ではサイモン＆ガーファンクルの音楽をBGMに、中国語の観光案内が呪文のように響き、何だか寂しい気持ちになって来た。

この近辺の国境から、どれだけの北朝鮮人が中国に逃げ込んで来ただろうか。そのような難民がこの単調で広大な樹海を無事に抜け出せるとは想像しにくい。脱北者には韓国側と中国側、ごく稀に海を渡るパターンがあるが、中国への脱出が多いとされる。中国と北朝鮮の国境には、国境警備兵と呼ばれる兵士がかなりの数で見張っているが、大半の兵士は自身も生活が苦しいので賄賂などを渡したり、あるいは彼らの目を盗んで脱出する者が多いという。しかし中国当局は北朝鮮との外交関係を重視して、脱北者を難民とは認めておらず、発見次第不法入国者として北朝鮮に送還する協定を両国で結んでおり、これにより脱北者は中国内では潜伏生活を送っているという。もし摘発されて北朝鮮に送り返されると、初犯の場合は労働や思想改造などの処置を受け、再犯では死刑となる場合もあるというのだ…。

50分ほどすると空がどんどん明るくなり、青空が広がって来た。車窓から遠くに広大な長白山の峰々が見えてきた。単独峰がドンとあるイメージだったけど、長白山はまるで山脈のようだった。積雪は明らかに少なく、春の終わりの十勝岳にそっくりな風貌だ。「ぜんぜん魅力ないね」圭くんが吐き捨てるように言った。バスの終点にある公園では、あちこちでスノーモービルなどのアクティビティをやっていて、せめて雪山を散歩でも…と思っていた俺たちのわずかな期待も儚く散った。国立公園だから、自然保護の観点でスキー滑走禁止というなら仕方ないけど、スノーモービルはオッケーかよ！ それでも圭くんは「せめてドローンの映像だけでも残していくか！」と立ち上がった。ちゃんと施設のマネージャーらしき人に「ドローン飛ばしても良い？」と確認したのに、飛ばして10秒で近くにいたモービルのドライバーたちに「ドローンを降ろして！」と注意されてしまった。「もういいや。早く帰ろう」最後にわずかに残った希望を断たれ、圭くんの

心は完全に折れてしまった。それでも、物書きの俺は、写真には残らない何かをここで感じて帰ろうと思い、山々を見渡していた。山の向かって左側は緩やかな稜線になっていて、豊富に雪が積もっているようだ。本来は、あの辺が長白山天池雪スキー場なのだろう。この天気であの斜面を滑ったら…考えただけで最高の気分だ。中国と北朝鮮の国境線という、世界の政情を考えれば「日本人が来て大丈夫？」と思ってしまう場所に、何とスキーをするために訪れた大馬鹿者である。中国に留学した経験のある友人（タクちゃん）との会話を思い出した。「何も知らないで滑っちゃいけないところを滑って、警察に捕まったりしたらヤバいよね」と言った俺に、彼は笑いながら回答した。「大丈夫ですよ。捕まらないから」「本当に？」「はい。捕まる前に撃たれますから（笑）」「…」

習近平政権は、2014年に「反間諜法（反スパイ法）」施行以来、中国内で活動する外国人の監視を強化している。同時に、外国人の逮捕・拘束件数も激増中だという。中国に目をつけられたらヤバそうだし、北朝鮮に目をつけられたら、もっとヤバそうだ。ジョン・レノンが「imagine」という音楽で平和を歌ったように、スキーを滑ることで「国境も戦争もない平和な世界」を歌いたいところだったけど、国際問題に発展しては元も子もない。俺たち日本人は、この土地で平和を語れるような立場ではないのだ。「やっぱり来てよかったし、滑れなくてよかった」俺は勝手に一人で腑に落ちていた。こうして、手に届くようで届かなかったことで、天池は神秘的な場所として、いつまでも心の中にあり続けることだろう。

宿に帰ってから、夕暮れの街をブラつきながら圭くんが言った。「きっと、ここを離れた時に、やっぱりあの街よかったよね〜という気持ちになるんだろうね」俺も同感だった。ここに来る前、この地では日本人観光客など歓迎されないんだろうなと思っていた。ところが、俺たちはどこに行っても親切かつ丁寧に接してもらった。どこの国に行っても思うのだ。やはり、直接会いに行かなければならないと。様々な教育やニュース、噂などによって、偏見のようなものが作り上げられている。「人と人」が顔を合わせ、心を通わせているうちは、どこに行っても平和だと思えるのだ。それが集団となり、大きくなればなるほど歪んだものになっていく。経済力や軍事力といった力をもってまとめようとすれば、なおさらのことだ。まだ夕方だというのに、あちこちで酔っ払いのおじさんおばさんが千鳥足で歩いている。食べて豪快、飲んで豪快、せっかちで、声が大きくて…。一方、公園ではテツ＆トモのようなお揃いのジャージで、怪しい人民体操や太極拳で汗をかいてみたり、漢方薬や鍼灸などの東洋医学も生活に密着している健康志向の民族でもある。俺たちは、中国の人たちのいろんなところが好きになっている自分に気づいていた。

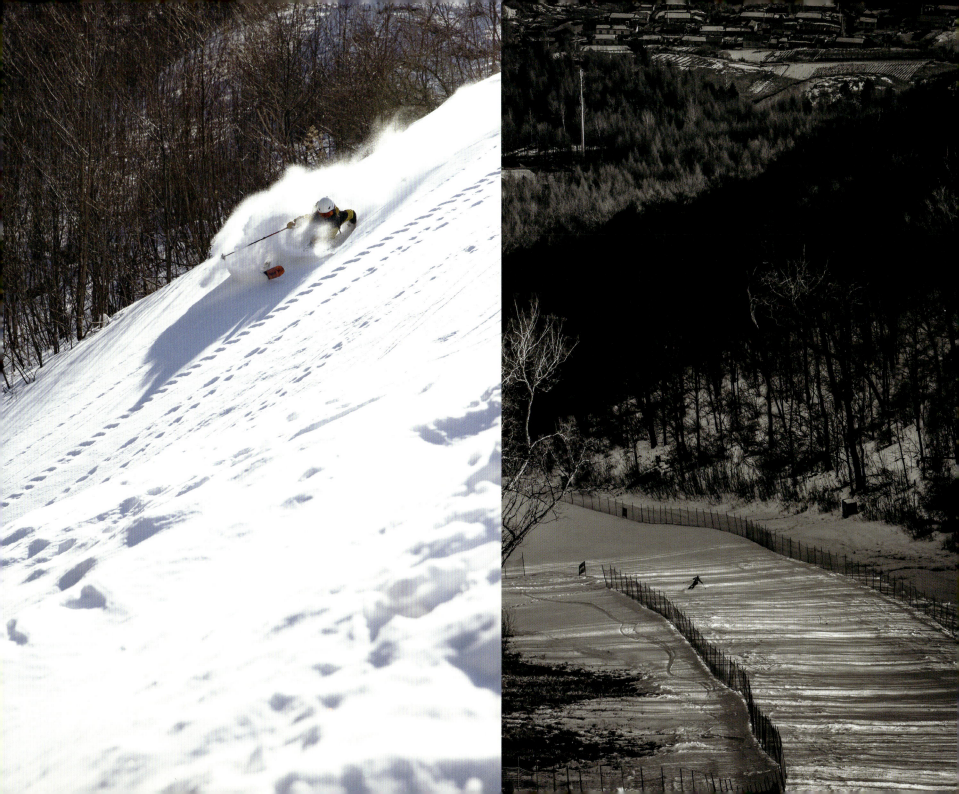

ROAD TO BAIJING

「バス停まで送っていくから、今すぐ支度して！」とフロントのお姉ちゃんが言った。時刻を見ると、まだ7：10。あれ？ 7：30にタクシーが迎えに来て、8：00のバスに乗るんじゃなかった？「7：30のバスだから急いで！」「うっそぉ！」まだパッキングが終わっていなかった荷物をバッグに押し込むと、お世話になったフロントのお姉ちゃんとおかみさんにお礼を言い、別れに浸る間もなく宿を飛び出した。ゴリラのような体躯の主人が、スキーバッグを2つ引いて、先頭をぐいぐい歩いていく。バス停に着くと、主人はチケットの買い方から何から何までサポートしてくれた。普通のホテルだったら絶対にここまでしてくれないだろう。booking.comのレビューで星5満点の星10をつけたい気持ちだった。

長春までの高速バスは、舗装の悪い高速道路をバウンドするように揺れながら、一向にスピードを上げれずにノロノロ走って行く。一体何時に到着するのだろうか。広大な中国であるから、あまりせかせかしても仕方ないのは分かっているけれど、やっぱり俺たちは日本人気質なんだな～と思わされる。長白山にこれ以上いても、できることはないと判断した俺たちは、予定より早く北京を目指すことにした。東北地方に魅力的なスキー場があれば、そこを目指すのもアリだったけど、中国で規模・雪質共にトップクラスのスキー場と呼ばれているスキー場があの有様だったので、淡い期待は持たないことを心に決めていた。当然、北京近郊のスキー場では、もっと厳しい状況が想像できるけど、俺たちは、日本とかけ離れた北京の都市型スキー場を訪ねることに意義があると信じていた。

長春に近づくにつれ、PM2.5がもっとひどくなっていくのがわかった。これはもう、景色が霞んでいるとかそういうレベルではなく、焚き火のそばにいるレベルだ。途中で雨が降って来たけれど、それでもPM2.5は変わらず空中に留まっていた。高速道路を降りると、退屈な荒野の景色が一変して、目が醒めるような大都会に突入した。日本ではそれほど知名度のある町ではないので、「旭川くらいの街かな？」と思っていたら、どうしてどうして、まるで新宿を思わせるような高層ビル群に旧日本（満州）時代の遺構が混じる文化的な大都市だった。

1930年代から1945年まで、わずか10数年の間に、様々な建物や路面電車、港、道路などを整備した旧満州の勢いが、いかに凄まじかったか。至るところに残された遺構が、その場凌ぎの建設ではなかったことを、今もなお使われていることが証明している。時間があったら、満州の遺構をゆっくりと巡ってみたかった。

「これだけデカい町だったら、SIMカード買えるかも！」圭くんが目を輝かせて言った。バスを降りると、早速電気屋の携帯コーナーでSIMカードをゲットすることに成功したのだった。これ、当たり前のことのようだけど、中国では普通のSIMカードは中国人じゃないと買えず、観光用のSIMをゲットしなければならない。これが長白山には全然なくて、超苦労していたのだ。SIMさえあれば、wi-fiのない場所

でも翻訳アプリを使うことができる！ いままで「伝えたいという情熱があれば、言葉は違っても伝えられるはずだ」とカッコいいことを言ってきたけれど、中国に関しては心が折れてしまっていた。中国の人は辛抱強く話を聞いてくれるけど、ジェスチャーやカタコトの英語で歩み寄ってくれる人がほとんどいなくて、当たり前のように中国語をベラベラ話してくるのだ。

SIMをゲットして気分上昇の圭くんが、「駅まで地下鉄で行こう」と言った。長春の地下鉄は一本しかないので、非常にわかりやすい。これは使うしかないしょ！ 口笛を吹きながら地下に下っていくと、早速係員に止められた。「地下鉄は160cm以上の荷物は持ち込み禁止です」それは、渋滞大国のこの国で便利な地下鉄という交通手段が、今後一切使えないことが判明した瞬間だった（なんてこった…）。なかなか一筋縄ではやらせてもらえない国だ。俺たちは仕方なく、バスに乗って駅に向かった。

「スゲぇ…」なんて近代的な駅なんだろうか。札幌駅程度をイメージしていたけれど、そのロビーの広さに目を白黒させていた。それにしても、チケットを購入するにしてもゲートをくぐるにしてもいちいち身分証明書。国民から観光客まで執拗に管理する国だ。面倒なチケット引き取りや駅までに入るセキュリティチェックを済ませ、「あとは乗車するだけだ～」と、出発ロビーのベンチでゆっくりしていた。俺は、鉄ちゃんではないけれど、電車の旅に特別な憧れを持っている。窓の大きさ、線路を走る振動や音、駅の雰囲気、たまたま向かい合った乗客と交わす会話…。飛行機やバスの旅では、乗っている時間の印象があまり残らないのは、それが「移動」という概念の中にあるからだ。電車での移動は単なる移動ではなく、「旅の時間」として流れ続けている。レンタカーを使えない国だからこそ、電車での旅を是が非でもやりたかったのだ。

「お、そろそろ電車に乗らなきゃ。10分前だ」とゲートに向かうと、最後の荷物検査が待っていた。俺たち2人に対し、警察官がぞろぞろと10人くらい…。なんか嫌な予感…。そして、嫌な予感は的中してしまった。荷物を開けさせられ、ピッケル、スノーソー、ショベルのブレードが持ち込み禁止というではないか。「どこか郵送できる友達の住所などはないか？」と聞いてくるけど、当然そんな場所はない。それに電車の出発時間が迫っている。「もう没収される荷物は諦めて行くしかないか！」と圭くんと意見が合致した直後、一番頑固そうな男性警察官が圭くんのストックを指差して、「これもダメだ」と言った。「え？ 嘘でしょ？ スキーのストックだよ！」と精一杯のジェスチャーで叫ぶも、警察官はストックの小さな石突きを指差して「危険だ」という。アホくさ！「タケちゃん、ダメだ！ 仕切り直そう！」20人以上に増えていた警察官をかいくぐり、「さらば中国人！」と言い放って、その場を後にした。こんなことなら、最初から長白山空港から北京に飛ぶんだった。これを言ったらおしまいだけど、中国はそもそもスキーを持参して旅する場所ではないのだ。中国の富裕層は電車に

スキーを積んで移動などしないのだろう。超マイノリティの俺たちは中国の徹底的な管理からハミ出てしまうのだ。

俺たちは、駅近くのホテルを取り、そこで今後の作戦を練り直した。まず、3月上旬という時期は日本ではまだまだスキーシーズンだけど、中国ではどんどんスキー場がクローズする時期なのが分かった。電車が使えないとなると、いろいろな予定を変更しなければならない。それに、雲南省のスキー場だって、本当に滑れるかどうかも疑わしいと思い始めていた。とにかく期待すると痛い目にあうのが中国だ。これからはもっと気を引き締めて、何事も石橋を叩いて結局渡らないなどして、慎重に行動していこう。今まで通用した「行き当たりバッチリ」がまったく通用しない国なのだ…。ただ一言だけ言わせてもらいたい。中国のお姉ちゃんはめっちゃ可愛い！（なんのこっちゃ）結局、翌日の飛行機で北京空港に飛んだ。「いや～、やっぱり中国は空路での移動に限るぜ！」俺たちは強がりを言った。飛行機に乗るたびに現金で支払っている手荷物超過量が、ヘビー級のボディーブローのようにダメージを蓄積させ、立っていることもやっとな状態だったのだ。上空から大都会北京を眺めたとき、PM2.5の白っぽい汚れではなく、黄砂に夕日が反射して、大気全体を朱色に染めていた。俺たちは北京空港に着くやいなや、残ったわずかな日本円を元に両替し、唯一お金をおろすことのできる中国銀行のATMを探して、あっちのターミナル、こっちのターミナルを右往左往。「あった…」中国銀行のATMを目の前にして、俺たちは地獄に降ろされた1本の蜘蛛の糸を握りしめた気持ちだった。「よし」圭くんが画面操作するのを固唾を飲んで見つめていた。すると、機械の内部で紙幣をパラパラと数える音が…！「おお！」「や、や、やった―！」ATMの前でハイタッチして大はしゃぎしている四十路男二人…。多分、すごく怪しい光景だったと思うけど、そんなこと気にならないくらい嬉しかった。これに気を良くした俺は「一応、俺のカードも試してみる！」と言って、自分もトライしてみると、またまた紙幣の音が！「やった―！」こうして、俺たちは大きな胸のつっかえが取れて、鼻歌を歌いながら宿泊先のホテルに移動した。

山の中で過ごす時間が多い俺は「世の中、金じゃない」と綺麗事を言うことが多い。実際、山の中で生きるか死ぬかというとき、お金など鼻をかむには硬く、燃料にするにも物足りない「使えない紙切れ」に過ぎず、何の役に立たないシーンを幾度となく見て来たからだ。ある種の悟りの境地に達したと思っていたけれど、社会でお金に困るという体験は、人を変えてしまうのだ。俺は濁った目で「イヒヒ。結局、世の中は金だ」とブツブツ呟いていた。ホテルのチェックインカウンターで、圭くんが軽やかに言った。「さすが空港近くのホテルだね！ カード使えるってさ。タケちゃんのカード切る？」「了解。じゃあ、現金は温存してカード切っておこうかな」調子に乗ってキャッシングしまくって、限度額に達して下ろせなくなったら笑えないから、極力カードで切るに越したことはない。カード、カード…あれ？ あれれ？

カードが見当たらない…え？ いや、まさか。も、もしかして…？ 財布の中身を全てチェックし、ポケットというポケットを全て探し、部屋で荷物を全て広げてもカードは出てこなかった。隣で呆れ笑いの圭くん。なんてこった！ である。お金をおろせたことを喜びすぎて、ATMからカードを抜き忘れたのだ！ 中国で現金を得ることができる手段は、圭くんのcity bankのカードと俺のVISAカードplusのみ。その両翼のうち、片方を失った瞬間だった。

今までトラブルを自分たちの力で解決してきた地球を滑る旅だけど、今回は中国人の親友ミボちゃんと、その旦那のタクちゃんとチャットで繋がっていろいろお世話になった。絵に描いたようなドジっぷりに、さすがの俺も3秒ほど自己嫌悪に陥ってしまった。中国のATMは、取引を終えて出てきたカードをしばらく抜き取らないでおくと、カードが機械に吸い込まれてしまうという謎の機能を備えているらしい。おそらく防犯対策の機能なんだろうけど、一度吸い込まれたカードを引き取る手続きが、中国人でもかなり面倒臭いのだという。当然、俺たちがそんな手続きをできるとは思えないので、カードを止めて帰国後に再発行した方が良いんじゃないかというアドバイスをいただいた。さて、圭くんは苦笑いで済ませてくれたけれど、困ったのはカードを止める手続きをLINEで奥さんにお願いしなければならないことだ。できれば自分で手続きをして、その後はなかったことのように振る舞いたかったのだが、緊急を要するので、そうもいかないのだ。しかし、緊張して打ったメッセージに対し、奥さんは大らかに受け止めてくれ、嫌味やお叱りもなかった。そう言えば、この前「そういう人なのを理解して付き合ってるから問題ない」と言っていた。それって、諦めているってことか？ まぁ、とにかく、「怪我などの大きなトラブルじゃないから大丈夫でしょ」という器の大きい奥さんなのだ。

近未来のスキー都市

10年前、1歳の長男を連れて訪れた11月の北京は、昼間でもマイナス20度を下回る厳寒だった。その時のイメージで訪れた北京は、まだ3月上旬だというのに汗ばむほど暖かく、公園には花が咲き乱れていた。北京郊外の太舞スキーリゾートはやってそうだけど、ほかの北京近郊スキー場が心配だった。俺はフロントのお姉ちゃんに営業しているかスキー場に問い合わせてもらった。「3月3日で全てのスキー場が営業を終了してるわ」とお姉ちゃんが言った（またかよ…）。こんなにも滑らせてもらえない旅も珍しい。肩を落として部屋に戻り、圭くんに状況を伝えた。「やばいね。これは太舞スキーリゾートも営業しているか一応聞いておいた方が良いんじゃない？」再びフロントに行って聞いてみると、お姉ちゃんは面倒くさそうに「同じよ。3月3日に終わってるわ」と言った。「へ？ウソでしょ？太舞スキーリゾートだよ？」と聞き返しても答えは一緒だった。標高が1000mも違うスキー場が同じ時期に閉まるって？腑に落ちなかったので一度部屋に戻っていろいろリサーチしてみると、太舞スキーリゾートは3月いっぱい営業するというではないか！フロントの姉ちゃんめ！ただ対応が面倒くさかったから流しやがったな！

さてさて、「行き当たりバッチリ」を合言葉に旅してきた俺たちが、この後、今まででは考えられない行動に出る。なんと、今日一日を明日のための下見に惜しみなく捧げたのだ。スキー場に行く時のルートを忠実に辿りながら、バスターミナルの場所、チケットの入手方法、バスの時間や実際に所要する時間、バス停からバス停への移動方法…と、旅行代理店のように抜かりなくチェック。我ながら信じられない！観光時間を削ってでも、明日は必ず滑りたいという、俺たちの意気込みが伝わるだろうか。

翌朝、眠い目をこすりながら、早朝の空港ターミナルにやってきた。さぁ、長い1日が始まるぞ…。ただスキー場に向かうだけなのに、重大なミッションを託されたスパイのような気分だった。6時半ころの北京西駅行きのローカルバスに乗り、北京西駅からタクシーで蓮花池（レンカチ）長距離バスターミナルに移動。7時半の崇礼（スーレイ）行きバスに乗車。3～4時間でスキー場着。3時間くらい滑って夕方3時頃移動開始、ホテル着が21時頃…。この強行スケジュールが本当にコンプリートできるんだろうか…。閑散としたターミナル1のローカルバス乗り場には、切符売り場の係員すらおらず、ちょっと心配になった。「おかしいなー。バス、本当にくるのか？」いても立ってもいられない俺とは対照的に、圭くんはお地蔵さんのよう目を瞑り、ベンチに腰掛けている。寝ているのかな？と思ったら、カバンから薬を取り出して飲んでいた。「圭くん、どうしたの？調子悪いの？」と尋ねると、圭くんは蚊の鳴くような声で「最悪…」と言った。どうやら、ここ数日のストレスが溜まったところに、昨晩食べた激辛の火鍋がトドメを刺したようだ。「タケちゃん、ちょっと荷物見ててもらってもいい？」と言うと、圭くんはそれっきりトイレに籠ってしまった。そんなタイミングでバスが到着。始発のターミナルで既に大勢のお客を乗せていたバスは、3人くらい乗車

すると満席になってしまった。バスは行ってしまい、しばらくして圭くんがフラフラしながらトイレから戻ってきた。「もしかして乗り遅れちゃった？ごめん…」「大丈夫、大丈夫！次のバスでも間に合うから！」30分ほど待つと次のバスが来た。これに乗らないと今日のスキーは無理になる。「圭くん、どうする？！」「…ごめん。この体調でバスに4時間も揺られる自信ないわ…」

こうして、練りに練った今日のスキープランは水の泡となって消えた。こんなとき、自分たちを慰めるために「怪我とかしたわけじゃないし、どうにでもなるよ」と言ったりする。怪我した場合は「命あるんだから大丈夫！」と言ったりする。まぁ、実際に旅のトラブルなんて、後になれば酒の肴になるだけなのだ！と心に言い聞かす（涙）俺たちは、気持ちを切り替えて街に出ることにした。歴史的街並みが残る胡同（フートン）を散歩したり、影山公園の高台から故宮を眺めたり…、下町は色鮮やかな商店街で賑わい、全く気取らない人々の生活感に溢れていた。商店街で立ち寄った公衆便所が、旅人の間で有名な「ニーハオトイレ」だった。ニーハオトイレとは、いわゆる壁や仕切りのない大便器のことだ。お尻を出して用を足しながら、隣で用を足している人と挨拶ができることから、ニーハオトイレと呼ばれている。まだ若かった頃の俺は、このニーハオトイレについて、個人的に「ムリ。ゼッタイ」というキャッチフレーズを掲げてきた。今や中国は、GNPがアメリカに迫るリッチな国となり、エコ文明を目指す大胆な政策が始まり、世界一電子マネーが普及し、人工知能（AI）の技術レベルが世界最高水準にある国だ。そのように、近代化が進んだ中国でも、未だにニーハオトイレがあるのかと、変にノスタルジックな気分だった。俺の中の「ムリ。ゼッタイ」が弱まり、「ニーハオトイレも悪くない」と思っている自分を発見し、思い切って利用してみることにした。しかし、「やっぱり俺は日本人だ」という当たり前のことを実感しただけだった。何しろ、我々日本人は、音姫という過剰な機能がついたトイレが当たり前の恥ずかしがり屋さんの国なのだ。そのような繊細さを誇りに思う部分もあるけれど、あまり繊細のままでは、ケツの毛まで抜かれてしまうぞ…。現に北海道では、中国などの大陸マネーによって、貴重な地下水や河川の源流となっている水源林が爆買いされているというではないか。ニーハオトイレから、国際問題、社会問題にまで話が発展してしまった。

まぁ良い、観光に戻ろう。何という小春日和だろうか。すっかりスキーのことを忘れてしまいそうだ…。中国に来てからほとんど滑れていないけれど、俺たちは滑るために絶え間なく奔走してきた。今の悪い流れを断ち切るためにも、ゆっくり観光する時間が必要なのかもしれない。そうだ、忘れてはいけない。この国の文化を肌で感じることが、その後の滑りに大きく影響してくるのだ。その昔、中国がいかに繁栄し、文化的で、強大な国であったか。その歴史舞台がそのままビリビリと伝わってくるような、壮大かつリアルな遺産だ。多くの遺跡が魂を抜かれたようで、まるでレプリカのように、見世物に成り下がった

姿をしているのに、故宮は未だに生きていて、いまそこに都があるかのようなムードに引き込まれてしまうのだ。世界中の遺跡を眺めてきたけれど、ここまでの遺跡はなかったように思う。

帰りの地下鉄に揺られながら、この国を旅する上での心構えが何となくわかった気がした。「溺れる者は藁をも摑む」状態だった俺たちは、力を抜いて大きく息を吸い、空を見上げてゆったりと背泳ぎする必要があったのだ。

俺たちを乗せたバスは、北京の高層ビル群を抜けて、徐々にスピードを上げて行った。ほどなくして、遠くの山の輪郭が不自然なのに気づいた。「…あ！圭くん！ほら！万里の長城！」眠っている圭くんの膝を突いて起こしたけど、「…ああ」と一瞥しただけで、再び眠りに入ってしまった。世界遺産などの観光地に興味がないのは知っていたけど、世界で類を見ない壮大な遺跡であり、世界遺産の中でもトップ5に入るであろう万里の長城なのに！絶世の美女に告られて「タイプじゃないから」と断るようなものだ。ある意味かっこいい。郊外に出ると、あちこちで火力発電所が豪快に煙の柱を立ち上げている光景を目にした。無駄というくらい派手なネオンで街は彩られ、スキー場では膨大な水と電力を用いて雪が作られている。まったく雪が降らず、スノースポーツが盛んでなかった中国で、冬季オリンピックが開催されることになるだなんて、20年前に予想した人がいただろうか？中国を駆けずり回っている俺たちは、天然雪がいかに貴重で有難いものなのか、心の底から実感していた。

「おっしゃ～！滑るぞ～！」太舞スキーリゾートに到着した俺は、ヤケクソ気味に言った。スキー場まで所要時間3時間という情報は、一体何だったのだろうか。9時半に到着する予定が、なんたることか13時を回っていたのだ。そして、帰りのバスの時刻が15時と来たもんだ。スキーの準備や片付けを差し引きしたら、どれだけ滑れるっていうんだ？太舞スキーリゾートのベースは、カナダのウィスラーを模したようなスキービレッジになっていて、長白山のリゾートとは違うインターナショナルな匂いがした。俺たちは、中国が本気になったときの凄まじさを目の当たりにしていた。崇礼の街も、太舞付近も、物凄い勢いで様々な施設がにょきにょきと雨上がりのキノコのように立ち上がってきているのだ。それに、よくもまぁ、こんなにも広大なスキー場に雪を撒いているものだ。おっと、俺たちにのんびり景色を眺めている暇はない。早速ゴンドラを乗り継いで山頂に急いだ。長白山のスキー場で会ったスキー客のファッションは、ドン・キホーテで買ったパーティーグッズみたいだったけど、このスキー場はスキーヤーのファッションも落ち着いていて、中国に来ていることを忘れそうだった。山頂から見下ろすと景色は一面真っ茶色（笑）で、その中に白い帯がいくつも伸びている。人工的な景色だけど、周囲の茶が白を引き立てて、なんとも鮮やかなコントラストを見せている。そして、この旅で唯一恵まれている要素の晴天が手伝って、かなりのスキー

日和が目の前に広がっていた。白と赤を基調としたウェアの集団が、コースを貸し切ってゲートトレーニングをしていた。おそらく、中国の威信にかけて国家が徹底的にトレーニングを積ませているスキーエリートたちに違いない。「なまら上手くない？」俺と圭くんは、顔を見合わせて言った。

中国の人々が、日本のスキー場を訪れるようになったのは、何年くらい前だっただろうか。当初は、ジーンズと薄手のジャンパーで雪遊びをする程度だった。やがて、スキーを体験する中国人が雪だるま式に増えていき、最初はちぐはぐだったスキーファッションも、日本人と見分けがつかなくなった。ついにはフリーライドやバックカントリーに挑戦する中国人も増えてきた。ここ10年で、中国は信じられないスピードで仮装の雪国として進化してきたのだ。中国のモーグル選手を指導している友人によると、体操競技や中国雑技団などの英才教育を受けた大勢の少年の中から、どんどんふるいにかけられていき、厳選された超人的な身体能力を持つ少年達にスキーをゼロから叩き込むのだとか。彼らの滑りを見ていると、まるで金太郎飴のように均一で、黙々と滑走している姿が印象的だった。詳細はわからないが、メダルを獲ることができたら、確かなセカンドキャリアの保証があるのだろう。またしても、中国の本気を見せつけられた気分だった。

さぁ、いよいよ滑走だ。いったい何日滑っていなかっただろうか？ どんな雪であれ、スキーに乗って風になれる瞬間。これ以上の快楽を俺は世の中で知らないのだ。人工雪の斜面とは思えないほどの幅広く美しいバーン。最近の暖かい気温が、適度に緩んだ雪面を用意してくれた。俺は、ここにしかない景色を全身で感じ、今までトラブルに見舞われながらも、ようやく辿り着いたという熱い想いも乗せて、スピードを上げていった。非の打ち所がない美しいコース整備。適度にグリップする雪面と滑走性の良い雪！ なんて気持ちがいいんだ！！

しかし、最高の気分も束の間。たった2本滑っただけで、帰りのバスの時刻が迫ってきた。「マジかよ！」一昨日は移動のシミュレーションで終わり、昨日は未遂に終わり、今日ようやくバスで片道5時間かけてやってきたというのに！ まぁ、そこまでする自分が嫌いじゃないんだけど。

たった2本とはいえ、なんとか滑れたことにホッとしながら、帰りのバスの車窓から辺りを見渡していると、崇礼の近くにも不気味なほど巨大な人工雪スキーリゾートがいくつかあるのが見えた。ここは、まさに中国で一番のスキーの町として成長中なのだ。雪が降らない中国で、どうやって冬季五輪なんて開催すんのよ！ と思っていたけれど、彼らには酷寒という恵みと、圧倒的な経済力、そして、全てを動かせる政治力がある。この国ならば「まさか」ということもやってのけてしまうのだろう。2022年のオリンピックをTVで観るのが、楽しみのような怖いような…。スキーの未来は、果たして何処に向かっていくのだろうか。

もうすっかり慣れた北京空港の第1ターミナルで、俺たちは雲南省の麗江への搭乗手続きをしていた。今回の旅のクライマックス。いよいよ、あの麗江に行けるのだ。ナシ族がつくった歴史的街並みと大自然があるところ。写真で見て猛烈に一目惚れしたエリアだった。標高5,000m近くある玉龍雪山スキー場は本当に滑れる場所なのか、今までの流れから考えると不安しかないし、たとえ滑れたとしても、いきなり5,000mに行って撮影になるのだろうか…。中国ではスキーがあると面倒なことばかりだけど、それでもなおスキーを背負って旅することに意義を感じているのだ。麗江に想いを馳せながら、うっとりしていると、チェックインカウンターのお姉さんが言った。「オーバーチャージ、ひとり740元支払って下さい」「ん？」俺たちは急に目が覚めた気分だった。740元は12,000円くらい。これ自体は大したことないけれど、俺たちはこのフライト以外に国際線を含む2回飛行機に乗る予定だ。麗江から昆明のフライトで同程度のオーバーチャージがかかり、国際線ではひとり100ドル程度のオーバーチャージが確定していた…。「タケちゃん、いま幾ら持ってる？」「うーんと…900元」「圭くんは？」「…1,400元」一瞬の沈黙のあと、圭くんが口を開いた。「金、やばくない？」オーバーチャージだけでも全部で4,200元くらいかかりそうで、おそらくカードはつかえない。そのほかに、宿泊、食事、バスやタクシー、ロープウェイ代…いろいろ見積もってみると、圭くんのCITY BANKにプールしているお金を運良く下ろせたとしても足りないではないか！ ここに来て、俺がクレジットカードをなくしたツケが回ってきた。あのカードなら中国でもキャッシングができたのだ。いつもなら慌てるところだけど、俺たちは不思議と冷静になっていった。無理し続けて、ずっとバタバタもがいてきたリズムから抜け出したかった。

「タケちゃん、このフライトを諦めて、麗江に行くプランをやめるっていうのはどう？」圭くんがおもむろに言った。「やっぱり？ 俺も同じこと考えてたよ」こうして、麗江へのフライトは見送った。俺たちは、抜本的にプランを見直す必要に迫られていた。麗江を諦めるのならば、帰国の時の飛行機が出発する昆明に飛び、節約して帰国便の日を待つプランも考えられる。その場合、北京でもう少し過ごしてから昆明に移動しても良いかもしれない…「あ…！」圭くんが突然叫んだ。「え？ どした？！」「試しに調べてみたら、北京から新千歳の便、めっちゃ安いんだけど！」2人とも口にはしなかったけど、心の中では思っていたのだ。一度旅をリセットした方がよいのかも…と。

毎年、行き当たりバッタリの旅を続け、いつも綱渡りだった。様々なラッキーがあり、良い作品が撮れてきた。でも「いつか全く上手くいかない時がくるだろうね」と、俺たちはよく話していたのだ。幸い怪我をしたわけでも、警察のお世話になるような事件があったわけでもない。次に行こうと思っているメインの旅、阿爾泰を成功させるために、俺たちはお金を温存し、今回の経験から学んだことを生かして、しっかり準備して旅に出ようじゃないか。昨年のギリシャでは、全く

準備していなかったのに全くトラブルが起きなくて、少し味気ないくらいだった。中国は完璧と思うくらい調べあげたとしても、たくさんトラブルが起きるだろうから、「地球を滑る旅らしさ」が損なわれることはないだろう。最悪、この4月までに整わないのならば、本の出版を一年延ばすのもありだと思っていた。思えばこの7年間、毎年本をリリースし、アウトプットし続けてきた。新しい構想を描く時間もなく、情熱を燃やすエネルギーを蓄える余裕もなかった。毎年やっていると、やらないことが不安になるけれど、この辺で1年お休みして、リセットして再稼働することも必要かもしれない。

中国的滑方法
how to ride the CHINA
滑雪者 児玉毅 / 摂影师 佐藤圭
BY TAKESHI KODAMA, KEY SATO

★ 中国的旅客 中国の滑り方〈登場人物〉

児玉 毅：プロスキーヤー 1974年7月28日生 札幌市出身

大学に入ってから本格的にスキーに取り組み、卒業後、スキー武者修行のため単身アメリカへ。その後、エクストリームスキーのワールドツアーに参戦しながら、国内外の難斜面、極地、高所、僻地などでスキー遠征を重ねる。2000年北米大陸最高峰マッキンリー山頂からのスキー滑降、2003年シーカヤックを用いたグリーンランドでのスキー遠征、2008年ヒマラヤ未踏峰での初滑降など、世界各地の山々にシュプールを刻む。2005年にはエベレストの頂上も踏んでいる。撮影活動も精力的に行なっており、スノー系専門誌を中心に掲載多数、DVD作品23タイトル、TV番組「LOVE SKI HOKKAIDO」などにも出演。

佐藤 圭：フォトグラファー 1972年3月19日生 札幌市出身

2009年に大雪山十勝岳エリアの懐、上富良野町に移住し、そこを拠点にスキー・スノーボードの撮影をメインに活動。メーカーカタログ・雑誌等で多数発表。世界各地を訪れ、国内外問わず様々な土地で多くのライダーとのセッションをライフワークとしている。

★ 中国的旅程 中国の滑り方〈旅程〉

1st trip

DAY1 (2/28)	千歳→福岡→大連	圭くんがカメラバックを忘れるという、この旅で指折りのハプニングから始まったが、なんとか出発に漕ぎ着けて、乗り継ぎの起点となる大連へ。
DAY2 (3/1)	大連→長白山	昼頃に長白山空港に到着。そのままスキーに行く手もあったけど、ひとまずは現地に慣れるべく、街を散策して過ごした。
DAY3 (3/2)	長白山国際スキー場	記念すべき滑走初日を迎える為に長白山国際スキー場へ。日本とは何もかも違うスキー文化に衝撃を受ける。
DAY4 (3/3)	長白山天池	タクシードライバーに目的地が伝わっておらず、間違ったスキー場に連れていかれた。慌ててリカバリーしようともがくも、残念な出来事の連鎖で、快晴の一日を無駄にしてしまった。
DAY5 (3/4)	長白山→長春	早朝のバスで長春に移動し、北京行きの電車に乗る予定が、セキュリティが厳しく、たくさんのスキー・山装備が没収されそうに。泣く泣く電車での移動を諦め、飛行機に乗る。
DAY6 (3/5)	長春→北京	北京空港でようやくお金を下ろすことができるATMに出会ったが、喜びすぎてカードを抜き忘れるという大失態！
DAY7 (3/6)	北京	確実にスキー場に辿り着く為に一日を下見に費やすという、今まではあり得なかった行動に出る。
DAY8 (3/7)	北京	早朝からスキー場へ移動しようと思っていたが、圭くんの体調不良につきスキー場への移動を断念。開き直って北京観光を楽しんだ。
DAY9 (3/8)	太舞スキーリゾート	片道5時間かけてスキー場に行き、1時間だけ滑ってトンボ帰りという強攻策に出る。太舞スキー場は近未来スキーをイメージさせる本格的な人工雪100%の巨大リゾートだった。
DAY10 (3/9)	北京	空港でのオーバーチャージの金額提示をきっかけに、現金不足（カードが使えない）によりこの先の旅が継続できないと判断。色々考えた結果、一度帰国して体勢を整えることに。
DAY11 (3/10)	北京→ソウル→札幌	ちょっと恥ずかしい帰国。乗り換えで一晩過ごした仁川空港は、なまら寒かった。

2nd trip

DAY1 (4/8)	千歳→上海	タケ、圭くん、ミポちゃんという3人で出発。上海はミポちゃんの故郷なのだ。
DAY2 (4/9)	上海→烏魯木斉→阿爾泰	セキュリティが厳しい飛行機の乗り継ぎで疲れ、やっと到着した阿爾泰のホテルで手荷物検査を受け、深夜の警察署への出頭義務が待ち受けていた。
DAY3 (4/10)	将軍山スキー場	早速向かった将軍山スキー場が、ホテルから車で1分という近すぎ具合に驚愕。雪解けが進み、すでに閉鎖されたスキー場を滑って「今回もまともに滑れないかも」と不安を覚える。
DAY4 (4/11)	スノーパークスキー場	とんでもない悪路を進み、広大なバックカントリースキー場へ。オオカミの気配に怯えながら、雪がなくなる谷底まで超ロング滑走！深夜にタクちゃんが合流。
DAY5 (4/12)	阿爾泰→禾木（ハームー）	古代スキーの故郷を目指してロングドライブ開始も、車が荒野のど真ん中で故障して動かなくなる。代役のドライバーのノロノロ運転で、美しい山々に抱かれた禾木村に到着。
DAY6 (4/13)	美麗村	慣れない馬に乗って、古代スキーが今も生活に用いられているという美麗村を目指す。乗馬からの〜古代スキー製作を見学からの〜古代スキーで滑走と、完璧な一日だった。
DAY7 (4/14)	禾木BC	禾木村から1時間半、南に戻ったところにある峠付近でバックカントリースキー。自分たちのペースでゆっくり山を登り、天然雪を滑るバックカントリースキーの魅力を再発見。
DAY8 (4/15)	禾木→阿爾泰壁画	阿爾泰に帰ったついでに、郊外にあるという古代スキーの壁画を探して右往左往。壁画も見られて、全てやりきった開放感のあまり、打ち上げの火鍋パーティーにて飲み過ぎた。
DAY9 (4/16)	阿爾泰→烏魯木斉	阿爾泰の街を散歩してから、飛行機で烏魯木斉に移動。街が変わると民族性もガラリと変わる。
DAY10 (4/17)	烏魯木斉→上海	烏魯木斉で観光を楽しんでから上海に移動。眠らない大都会をさまよって、大皿に山盛りのザリガニをつまみに最後の打ち上げパーティー！
DAY11 (4/18)	上海→札幌	何が嬉しいって、国内移動がないこと！新千歳発着の国際線がもっと増えますように…。

★ 中国的地图 中国の滑り方〈地理〉

一 大連 ターリエン
二 長白山 チャンパイシャン
三 長春 チャンチュン
四 北京 ペキン
五 太舞 タイウー
六 上海 シャンハイ
七 烏魯木斉 ウルムチ
八 阿爾泰 アルタイ
九 禾木 ハームー
十 香港 ホンコン
十一 青島 チンタオ
十二 西安 シーアン
十三 敦煌 トゥンホワン
十四 拉薩 ラサ
十五 喀什 カシュガル

★ 中国的概要 中国の滑り方＜概要＞

国名：中華人民共和国
面積：約960km² …アメリカと同じくらいで、世界第3位の広さ
人口：13.86億人（2017年）…日本の約11倍で、世界第1位
首都：北京（東京都と友好都市）
通貨：人民元（略号 CNY）
時差：中国全土、北京時間で統一（日本マイナス1時間）
民族：漢族（92％）その他チベット族、モンゴル族、
　　　カザフ族など55の民族
政治：共産党以外は国家を指導できないよう法律で定められている
　　　労働者・人民主権の民主主義国家

元首：国家主席　習近平
経済：GDP 13兆4044億ドル（アメリカに次いで世界第2位）
宗教：無宗教（90％）,仏教（6.75％）,キリスト教（2.3％）
スポーツ：卓球、バスケットボールが盛ん
動物：ジャイアントパンダ
歴史上の有名人：孔子、始皇帝、毛沢東、孫文

革命を表す赤色をベースに、大きな星は中国共産党の指導力、4つの小星はそれぞれ階級を表す。その頂点は、大星の中心に向いており、人民が団結することを象徴している。ソ連の国旗を参考にしたとか…。

★ 中国的历史 中国の滑り方＜歴史＞

中国

589年	隋
618年	唐 / 周
	五代十国
960年	宋（北宋・南宋）/ 遼 / 金 / 西夏
1271年	元
1368年	明 / 後金 / 北元
1636年	清
1912年	満洲 / 中華民国
1949年	中華人民共和国 / 中華民国（台湾）

新疆

609年	隋が今の新疆南東部を実効支配し始めた
唐代後期	ウイグル帝国の支配下に入る
13世紀	モンゴル帝国の支配下に入る
16世紀末	ヤルカンド汗国が地域を統一
17世紀末	遊牧帝国ジュンガルによって征服される
1775年	清のジュンガル征服（新疆と呼ばれる）
1933年	東トルキスタン共和国の建国
1944年	東トルキスタン共和国の再建国
1955年	中国人民解放軍が展開し、新疆ウイグル自治区が設置
609年	隋が今の新疆南東部を実効支配し始めた
唐代後期	ウイグル帝国の支配下に入る
13世紀	モンゴル帝国の支配下に入る
16世紀末	ヤルカンド汗国が地域を統一
17世紀末	遊牧帝国ジュンガルによって征服される
1775年	清のジュンガル征服（新疆と呼ばれる）
1997年	グルジャ事件（民族自治を求める動きが活発に）
2014年	ウルムチ駅爆破事件以降、徹底的な管理統制の構築

長白山

926年まで	渤海領その後、契丹（遼）の領土　金の領土　モンゴル帝国の領土
1418年	李氏朝鮮の世宗の時代から朝鮮人が領有
1712年	清と朝鮮の役人が白頭山の分水界に国境を示す定界碑を建てる
1962年	中朝辺界条約で国境が定まる
1942年	白頭山密営で金正日が生まれる
1932年	日本が満州国を建国
1945年	終戦と同時にソビエトによる侵攻、満州国が中華民国に返還されるのが遅れる
2018年	南北首脳会談にて、韓国の文大統領が北朝鮮の金正恩朝鮮労働党委員長とともに白頭山に登る

★ 中国的美食 中国の渡り方〈食事〉

ちょっとグロい麻辣鶏爪

コラーゲンたっぷりな鳥の足は、中国の女の子に大人気らしい…。

かの有名な北京ダック

北京の料理といえば北京ダックでしょう！宮廷料理はお高いので、ファストフードにて。

結局頼んでしまう定番

圭くんがオーダーする中華は、決まってチャーハンとクーシンサイ。

よく見ると…

中華料理では「何を調理した料理なの？」と聞かない方が良い。聞くとオーダーできなくなる。

中国人大好き豆乳

瓶に入った白濁した怪しい液体。ビビってオーダーしなかったけど、正体は豆乳。中国人は牛乳より豆乳派なのだ。

中国のアイスは芸術

食べるのが勿体無いお花の形をしたアイスクリーム。似合わないから食べなかった。

糖葫芦（タンフール）

日本のお祭りにあるリンゴ飴のように、サンザシを飴でコーティングした庶民のスイーツ。甘酸っぱくて美味しかった〜。

大盤鶏（ダーパンジー）

新疆料理の代表といえばダーパンジー。鳥一羽を豪快に料理した大盛り皿は今回の旅で一番の絶品でした。

羊肉の串焼き（ヤンロウ）

クミンなどの香辛料を振った羊肉の串焼き（ヤンロウ）は中国全土で親しまれている。これとビールがあれば何も言うことなし！

困った時の火鍋

中国料理でもっとも間違いないのが火鍋。どうして日本であんまり流行らないんだろう？

美味しいカエル串（串烤整只牛蛙）

日本でも食べる地域があるけれど、中国では積極的に食べるカエル。鳥のササミみたいで普通に美味かった。

絶品ザリガニ（麻辣小龍蝦）

中国人が大好きなザリガニは、絶品中の絶品。中国民のお腹を満たす量を一体どうやって養殖しているんだろうか。

ブルーベリー酒

吉林省名産だと思われる、ブルーベリーのリキュールを購入。安い飲み物にありがちなキャップからの液漏れが発生し、ザックの中が酒臭くなってしまった。

中国ビールは軽め

中国のビールは割とドライなビールが多いのは、脂っこい料理との相性だろう。雪花というビールのネーミングが気に入った。

新疆拌面

新疆料理の定番は汁なしの麺。ピリ辛の具材にシコシコした麺。日本人も間違いなく大好きだ。

中国のファストフード

「真功夫」は日本でもやってほしい！麺と粽（ちまき）と豆乳の朝ごはんは朝マックの100倍美味いんだけどな〜。

世界最古のチーズ（クルト）

約3,600年前の世界最古のチーズが発見された新疆では石のように硬いクルトという乾燥チーズがある。酸っぱくて、硬くて、噛むと歯がキュムキュムと鳴って美味い！とは言えない。

バリエーションが凄まじい

中華料理は料理名を見れば、材料が丸分かりなのだ。中国語が分かればの話だけど。

★ 中国的人们 中国の酔り方＜人々＞

優しさが滲み出た宿のオーナー
全く言葉が通じないのに、優しさが滲み出すぎている。
宿から離れたバス停まで、スキーバッグを２つ引っ張って案内してくれた、満点のホスピタリティに、レビュー満点星5の星10をつけたい！

ベーカーリーのお姉さん
大都会はそれなりにベーカーリーが流行っているけれど、ちょっと田舎に行くと、パンやコーヒーのお店が全然ない。パンが好きではない俺だけど、毎食中華というのも飽きてしまい、たまたま入ったベーカリー。割と俺好みの女性店員さんの笑顔の接客が素敵でした〜♪

石原軍団にいそうなタクシードライバー
長白山で一日お願いしたタクシードライバー。行き先が伝わらなったり、無理なお願いをしたり、かなり振り回しちゃったけど、その誠実な対応には感動した。自分の職業にプライドを持っている人の仕事は本当に気持ちが良いのは、世界共通だ。

豪快なドライバー＆コーディーネーター
アルタイをサポートしてくれた大きいワンさん。豪放磊落な人柄で、旅全般を楽しませてくれた。しかし、車にツキがなく、俺たちを乗せていた時に２回の故障。さらに、会食の後、車を回送しに来てくれた娘さんが単独事故で車が壊れるというおまけ付き。なにはともあれ、ありがとう。

北京で流行りの火鍋屋のオーナー
日本もそうだけど、中国は仕事ができる人とできない人のギャップが凄い。店全体に気を配り、お客さんに声をかけ、心のこもった接客をしながら、店をコントロールしていたやり手のオーナー。カタコトの日本語は「ドラゴンボール」仕込み。日本のアニメって凄い。

大衆料理屋のお母さん
「これぞ新疆料理」というのを食べたくて、探し当てた食堂のお母さん。中国のお母さんは明るくてエネルギーがいっぱいの人が多い。絶品の家庭料理を一つ一つ物凄いボリュームで出してくれた。

ノロノロ運転のドライバー
大きいワンさんの車が故障により急遽代役を引き受けてくれた小さいワンさん。車は最高なんだけど、車が大切すぎるのか、終始ノロノロ運転だし、タイヤが汚れると車を停めて洗い始めるので、なかなか先に進めなくて参った。

古代スキー職人一家
アルタイで一番有名な古代スキー職人。最近は観光客でも古代スキーを欲しがる人が増えており、基本的にはオーダーメイドで販売している。後継の兄ちゃんは、タクシードライバーの傍、修行中の身。タトゥーを入れた今時の兄ちゃんだった。

古代スキー職人はイケメン紳士
美麗村の山奥で昔ながらの生活を続けている古代スキー職人。その大らかな人柄と、熟練した美しい作業に、我々全員が大ファンになった。

烏魯木斉の織物職人
烏魯木斉のバザールにて、お土産を物色中、綺麗な女性に引き寄せられて織物の店へ。
気前よく買いたかったけど、金欠につき…。

もしかして中国No.1のBCガイド
アルタイのスノーパークでガイドしてくれた兄さん。確かなスキーテクニックと無尽蔵な体力を垣間見ることができたけど、シールの代わりにロープをスキーに巻いたり、撮影斜面の真ん中を滑ったりの問題行動も。

いまどきの中国女子
最近、中国の女の子の間で、昔ながらの中国衣装をファッションとして楽しむのが流行っているという。思わず、声をかけて、写真を撮らせてもらった。日本にくる観光客が和装の女性に大喜びな訳がよくわかった。

★ 中国的这个那个地 中国の酔り方＜あれこれ＞

セブンイレブンだと思ったら「8時半」だって。
8時半から20時半までやってます。

中国で度々見かける「なんか違う」キャラクター。堂々と著作権乱用のお国柄。

ジャックウルフスキン…ではなく、ジャックウルフキング。

なんか…向きが違う系。

ナイキ…ではなく、ナイカ。まじか…。

★ 中国的滑雪场 中国の滑り方〈スキー場〉 CHINA SKI NOW!

中国のスキー場分布図

- 古代スキー発祥の地
  阿爾泰マウンテンスノーパーク
- 大都会ウルムチの直ぐ側
  シルクロード国際スキー場
- 北半球最南？の天然雪スキー場
  玉龍雪山スキー場
- Club Medもある極寒の高級リゾート
  ヤブリスキー場
- 北朝鮮との国境から近い
  長白山国際スキー場
- オリンピックの会場にもなる
  急成長エリア 太舞スキーリゾート
- 世界最大の屋内スキー場
  ウィンタースター上海
  （2022年オープン）

中国のスキー場

2000年の時点では、中国にあるスキー場の総数はわずか50カ所、スキーヤーの数は延べ30万人だった。
2022年の北京冬季五輪開催が決定すると、国策によってスキー産業の拡大が加速。
2018年には、スキー場の数は742カ所、スキーヤー総数は延べ2,113万人にまで激増し、現在、中国のスキー場の数は世界の総数の3分の1を上回るまでとなった。その中で魅力的なスキー場は多いとは言えないのが現状だ。天然雪を滑れる場所は極端な僻地か高所に限られ、スキー場のほとんどは人工降雪頼み。
また、スキー場のほとんどが初心者をターゲットとした単調なコースで、大混雑しているのだ。
それでも個性的で面白そうなスキー場は存在する。古代スキー発祥の地、標高4,700mの天空スキー場、北朝鮮の国境近くにあるヤバそうなスキー場、世界最大の屋内スキー場などなど。
そこに中国の長い歴史や多様な文化が加われば、面白いスキートリップが出来そうな気がしませんか？
え？行きたくないって？

中国の
スキー場あるある

- ◆スキーセンターにカラオケボックス
- ◆ほぼ全員がレンタル用具
- ◆スノーボーダーはぬいぐるみプロテクターがスタンダード
- ◆ゲレ食はすぐに売り切れ
- ◆最新鋭のリフト・ゴンドラ
- ◆車メーカーの看板がデカすぎる
- ◆WCのダウンヒルコース並みに、コース脇に張り巡らされたネット
  （滑落した人がコースを飛び出すとキケンだから）
- ◆ファットスキーは必要ない
- ◆リフトチケットは日本よりちょっと安い程度
- ◆中国のお姉ちゃんは可愛い

長白山国際スキー場

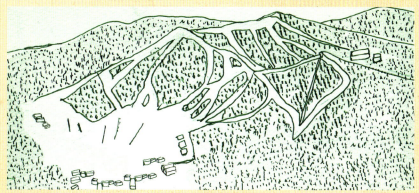

北朝鮮の国境にほど近く、我々日本人が遊びに行っていいのか、ちょっと不安になるスキー場。スキー場はこじんまりしているけれど、それに似合わないコンドミニアムやホテル群。最新のリフトや、カラオケボックスも備えたスキーセンターなど、その充実ぶりは、ちょっと引くくらいだ。インターナショナルなイメージを持っていたけれど、英語が1mmも通じないので、オフラインでも使える翻訳アプリが必須だ。

Top	1,210m	標高差	390m	ゴンドラ	1基
Base	820m	コース総延長	40km	リフト	3基
				スノーエスカレーター	10基

玉龍雪山スキー場

世界遺産街の麗江から車で30分という近さにある人気の景勝地・玉龍雪山には、なんとスキー場があるという。とは言っても、標高は4,000mを優に超えているし、中国ではソリもスキーも全て滑雪というので、滑雪場が果たして俺たちがイメージするスキーができる場所かどうかはわからない。そもそもゴンドラにスキーを乗せてくれなかったりして…。今回は行けなかったけど、いずれ必ず行ってみたいと思っている。

Top	4,700m	標高差	184m	スノーエスカレーター	4基
Base	4,516m	コース総延長	1km		

太舞スキーリゾート

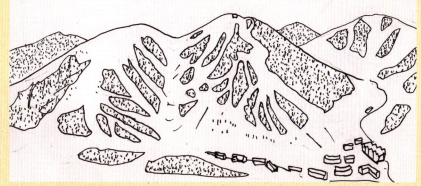

2022年の北京冬季五輪に向けて、急ピッチで建設が進んでいるエリア。100％人工雪ながらもコースは広くて長く、雪質も上々。スキー場ベースには、まるでウィスラーのような西洋風のビレッジが広がり、アプレスキーも十分に楽しむことができる（お金さえあれば）。この近郊には、他にも同じような巨大スキーリゾートが2つあり、中国でもっとも大きなスキーエリアと言えるだろう。

Top	2,160m	標高差	510m	ゴンドラ	1基
Base	1,650m	コース総延長	20km	リフト	3基
				スノーエスカレーター	10基

阿爾泰マウンテンスノーパーク

古代スキー発祥の地にあり、中国では既有の天然パウダースノーを滑れるスキー場として注目を集めるも、ランクルでさえ到達困難なアクセスの悪さと、不十分な施設とサービスがネックとなり、ターゲットとなる中国人の富裕層の中では「北海道に行った方が良い」という声が多い。うまくたどり着けたならば、ヘリや雪上車、スノーモービルを駆使して、広大な山域を楽しませてくれるだろう。今後、国からの援助で車道や施設が整備されるらしいので、将来的に化けるかもしれない。

総面積 500㎢ （淡路島より少し狭いくらい） 宿泊施設あり	標高差 1,500m 最長滑走距離 6.5km	ヘリコプター2機 キャット2台 スノーモービル6台

★ 中国的向导 中国の滑り方＜案内人＞

于　剣芸(Jianyun Yu) ニックネームは「ミボ」
1984年6月9日生 中国上海出身
中国語と上海語を母国語とし、日本語と英語が得意。2012年北海道に移住、2014年に日本人のTAKUと結婚。旅行アドバイザー＆通訳。外国人向けのスキー教室を中心とした「合同会社なまら北海道」を設立。SAJスキー準指導員とC級検定員を取得。

你好『Mibo』です。
上海で生まれ育った私は、北海道に来るまでこんなにいっぱい積もった雪を見た事がありませんでした。上海では滅多に雪が降らないし、降っても直ぐに溶けちゃうので、初めて北海道の雪を見た時は本当に興奮しました。雪山で楽しそうに遊んでいる友達を見て、『私も一緒に行きたい！』と思い、旦那にスキーを教わり始めました。はじめはゲレンデスキーを楽しんでいましたが、徐々にバックカントリーを滑るようになり、児玉さんとも滑る機会にも恵まれ、ますますスキーにハマっていきました。そんな折、中国の旅について相談を受け、私たちは喜んで引き受けました。
実は私は中国でのスキーの経験はなく北海道でしかスキーをした事がなかったので、生まれ育った国でのスキーがとても楽しみだったのです。
中国ではスキー業界がもの凄いスピードで発展していて、毎年数十件の新しいスキー場が誕生しています。さらにバックカントリーやヘリスキーなどが出来るところも増えて行くと信じています。特に新疆アルタイ地区はずっと気になっていた場所の一つでした。今回そのエリアに行けたことが本当に嬉しかったです（ちなみに、TAKUはスキー指導のため中国のスキー場を何度か訪れたことがありますが、バックカントリースキーは初めてでした）。
将軍山スキー場、アルタイスノーパーク、中国では数少ない自然雪の広大な山脈でのスキー。狼の足跡があったり、増水した川を渡ったり…。北海道とはまた違った雄大な景色に圧倒されながら楽しむことができました。
中国と日本それぞれの良さがありますが、自分の生まれ育った国でスキーが出来た事は最高な経験です！
この経験を生かして、これからも私は母国中国の素晴らしい山を発見し、日本の皆さん、そして中国のスキーヤー達にも紹介出来る様に頑張りたいと思います。
近い将来、中国スキーツアーが出来ますように！

于剣芸(Jianyun Yu)，昵称"Mibo"
1984年6月9日出生于中国上海
母语为中文和上海话，擅长日语和英语。2012年移居北海道，2014年与日本人Taku登记结婚
职业 旅游顾问和翻译。成立了【有限责任公司Namara Hokkaido】，
专注于为外国人提供滑雪教学。取得SAJ双板准指导员和C级考官

「你好」我是Mibo。
我在上海出生长大，来到北海道前，几乎没有见到过积雪。在上海很少下雪，即使下了也会很快融化，所以当我第一次看到北海道厚厚的积雪时，特别的兴奋！我看到朋友在雪山中愉快地玩耍时，就觉得特别想和他们一起玩，所以就开始向我先生求教滑雪了。起初我喜欢在滑雪场的雪道上玩，后来渐渐地沉迷于登山滑雪，并有机会与雪山大神儿玉先生一起滑行几次后，更加沉迷地不可收拾了。
我们很高兴能接受这次中国之行的咨询，其实我并没有在中国滑雪的经验，只在北海道滑过雪，因此激动不已。在中国，滑雪产业正在极速发展，每年都有几十家新建滑雪场诞生，相信以后也会有越来越多的地方可以进行登山滑雪和直升机滑雪。新疆阿勒泰地区是我一直很感兴趣的地方之一，这次能够去那里真的很高兴。(顺便说一句，在中国留过学的Taku虽然多次在中国滑雪场教过学，但是在中国的登山滑雪也是第一次)。将军山滑雪场、阿尔泰山野雪公园，都是在中国少有的天然雪、广阔的山脉、狼的脚印、渡过急流的河，我被这与北海道截然不同的壮丽景色所震撼。
中国与日本各有千秋，但是能够在自己的祖国登山滑雪，真的是一次非常棒的经历！通过这次经历后，我想要去发现并多壮丽的山脉，把这些美好的地方介绍给日本的朋友们，也同时介绍给中国的滑雪爱好者们。期待在不久的将来，能够与大家一起去中国滑雪旅游！

再出発

「いや〜、大変でしたね！」タクちゃんが爆笑しながら言った。いろいろと情報提供してくれたタクちゃんミボちゃん夫婦のお宅で、手巻き寿司を食べながら反省会をしていた。
タクちゃんは今から15年くらい前、単身で上海に留学した経験がある。きっと俺たちのトラブルなど比較にならないくらいの苦労をしてきたことだろう。そんなタクちゃんとリアル中国人のミボちゃんにアドバイスをもらいながら、今回起こったトラブルの対応策を一つ一つ練っていた。すると、いつしかとんでもないプランが持ち上がった。春になって仕事に暇ができてきた2人は「自分たちも行ってみたかったし、サポート兼遊びで行ってみようかな？」と提案してきたのだ。確かに来てくれたら言葉のことはもちろん、お金の支払い方法など、すべてがクリアになる。しかし、我々が貫いてきた「トラブル覚悟のふたり旅」というポリシーに反してしまわないだろうか？ 特に、圭くんはこの旅のスタイルに強いこだわりを持っていたはずだ。しかし、圭くんはあっけなく言った。「いいね！ みんなで行ったら楽しそうだし！」思わず、頬張った手巻き寿司を吹き出しそうになった。
確かに、旅のスタイルにこだわっている場合ではないのだ。折り返し地点までてきて、まだ何も成し遂げていない旅を、何が何でも成功させなければ…。即席の決起集会がその場で始まり、お酒が進むと同時に計画も進んで行った。そして、あっという間に全員がネットで航空券を購入した。古代スキーを作っている村の情報は、俺たちがどんなに頑張っても辿り着けなかったのだけれど、ミボちゃんが中国の検索サイト「百度」で根気よく調べてくれた結果、かなりの有力情報を得ることができた。幻の島アトランティスを探して旅するような不透明だった旅の行方が、一気に鮮やかな色彩を持って浮かび上がってくるように思えた。こうして、トントン拍子で阿爾泰の計画が進み、あっという間に再出発の日が近づいてくるのであった。

「ただいま〜」中国に再び旅立つ俺は、実家に立ち寄った。スキーの道に進むことを親父に反対され、勘当されていた時期もあったけど、結婚を機に認めてもらえるようになってからは、海外遠征に行く前に実家に挨拶に行くようにしていた。「たけし、忙しいでしょう？ 今年もどっか行くのかい？」玄関先で出迎えてくれたのは、年老いたお袋だった。「今度行くところは危なくないのかい？ 危ないことはやめてよね」お袋が言うことは、実家からテイネハイランドに通っていた大学生時代と何ら変わっていない。最近は目が悪くなり、忘れっぽくなって心配な部分が多いけれど、昔から天然ボケだった母のキャラは、しっかり者の親父と良いバランスだといつも思っていた。「親父はどう？」「うん、お父さんなら割と元気よ。今日は結構起きていたし。今は和室で休んでいるけど」
親父が肺癌を宣告されたのは、去年の夏のことだった。発見されたときには、すでに末期癌まで進行しており、医者もお手上げな状態だった。それ以来、俺は昔のことを思い出すことが多くなった。大学1年

の時、三浦雄一郎さんのスキースクール（ドルフィンズ）のインストラクター見習いとして、スキー三昧の生活をスタートさせた俺は、大学3年の時に出場したエクストリームスキーの日本一決定戦で大怪我を負った。挫折感の中にいた俺に、教職一筋の親父が言った。「十分にやったんじゃないか？ 俺は、学生時代プロカメラマンになりたいという夢があった。でも、下積みに時間とお金がかかるプロカメラマンの道を選べる環境ではなかった。人は誰もが夢を追い求めたいものだ。だが、社会の中で責任を果たし、日常の中に幸せを見出して生きていくんだ」今なら親父の言っていることの意味が十分にわかるけれど、若かりし俺は理解できなかった。たった一度の人生。自分が最もやりたいことをやりきりたい。親父は度々「うちの血は大きな商売や冒険には向いていない」と言った。血筋や環境で人の可能性を制限するようなことをいう親父と何度口論になったか分からない。「俺はプロスキーヤーになる！」大学の学費を負担してもらった分際で、いけしゃあしゃあと言ったものだ。「親不孝者！ お前のことは認めない。プロスキーヤーとして成功しなかったら、うちの敷居はまたげないと思え！」プロスキーヤーになる決心と共に、俺はヒゲと髪を伸ばしはじめた。そして、スキー武者修行としてアメリカに滞在するための資金を稼ぎながら、アスリートとして身体を鍛える生活が始まった。
「プロスキーヤーになりたい」という夢を、現実逃避だと少なからず思っているであろう親父を見返したいという気持ちが俺の中にあり、その強い思いが俺を根底で支え続けた。先輩から時給の良いバーテンダーのアルバイトを誘われた時も、世俗の欲を断ち切り、あえてイバラの道をいく自分を親父に見てもらいたくて、過酷な肉体労働のアルバイトを選んだ。アルバイトの休憩時間にトレーニングをし、仕事以外の時間はトレーニングジムで肉体を磨き上げていった。今思うと、自分が本当にやりたいことに向かって闇雲に努力する自分を親父に見てもらいたかったし、認めて欲しかったんだと思う。なんたって俺は、子供の頃からずっと親父のことが大好きだったのだ。
末期癌を宣告された直後、病院の待合室で、無言で何かじっと考えている親父の隣に、俺も無言のまま座り込んでいた。そして、親父はおもむろに口を開いた。「たけし、プロスキーヤーの仕事は順調なのか？」驚いたことに、自分の余命がもう1年も残されていないことを知らされた直後に、親父は息子の心配をしていたのだ。確かに、44歳という年齢でプロスキーヤーを続けることは簡単ではなく、いろいろな意味で様々な転機を迎える時期だ。「肩に力が入りすぎじゃないか？ お前がもしも怪我などでスキーが続けられなくなったり、スキーの仕事を辞める決断をしたとき、何かサポートしたいとずっと思っていたし、準備はしているんだ。いつでも言えよ」親父は前を見据えたまま続けた。「いつまでも心配で困ったもんだな。親っていうのは…。まぁ、お前のことだから、意地でも続けていくんだろう」俺は、若かりしとき、親父に言い放った一言を悔やんでいた。「俺は親父

のようにはなりたくないんだ！」あの時の親父の表情を俺は忘れることができない。あの言葉は、親父の存在が俺にとって大きすぎたからこそ、出てきた言葉だったのだ。親父は俺を勘当したと言いながら、息子が掲載されている雑誌のスクラップをひたすら集めては眺めていた。口には出さなかったけれど、俺を誰よりも認め、誰よりも応援してくれていたのは、他の誰でもなく親父だったのだ。この期に及んで、溢れるほどの愛情を親父から受けて生きてきたことを、俺は改めて実感していた。
「お父さん、具合はどうだい？」「…おお、タケシか。なんだろうな、今日は来るような気がしていたんだ」親父は痩せ細った身体を起こしながら言った。俺の前では、どんな時も父親だ。癌の宣告を受けた時も、抗がん剤治療で辛かった時も、癌が進行して痛かった時も、一度だって泣き言を言わないのだ。「今日は髪を切りに来たんだよ」親父はちょっと照れ臭そうに、「変な髪型にしないでくれよ」と言って、少しだけ笑った。幼い頃、おんぶを何度もせがんだ背中は、見る影もなく細ってしまった。眠ったふりをして、寝室まで抱きかかえてもらった腕も…。「中国から帰ってくるのはいつだ？」「2週間半後だよ」「そうか、いい旅になるといいな」（旅に行くのをやめて、そばにいるよ…）そんなことを言ったら「何を言ってるんだ、馬鹿者！」と言われるのは目に見えていた。
俺は、白髪混じりで癖っ毛の親父の髪を切りながら、ここぞとばかりに親父の頭をよしよしと撫で回し、そして、心の中で祈るのだった。神様、お願いです。中国から帰って来るまで、親父を生かしてください。俺が医者に聞かされていた親父の命のタイムリミットは、すでに経過していた。

世界で最も内陸にある街

深い闇を走る車の道しるべになるのは、道路脇に延々と続く赤いライトだけだった。よく見ると、ライトの正体は中国国旗（五星紅旗）。最初は「綺麗なライトアップだね」くらいにしか思っていなかったけれど、これが阿爾泰の街まで延々と続いているのを見ているうちに、なんだかザワザワと鳥肌が立ってきた。そもそも、ウイグル人が中国政府の弾圧を受けていることは、国際的に知れ渡っていることなので、俺たちはそれなりに緊張していた。

新疆ウイグル自治区は中国の西北端にあり、面積は中国の省と自治区の中で最大。日本で例えると北海道といったところか。国境線は長く、東はモンゴル、北はロシア、カザフスタン、さらには西はキルギス、タジキスタン、アフガニスタン、パキスタン、南はインドに接している。隣接している国は、一癖も二癖もあるような国ばかりだし、そんな国々をまたいで住んでいる多民族を中国が治めているわけだから、それはもう、大変なことになるであろうことは、歴史の勉強をしていない俺にだって分かる。アルタイ空港は、スキー関係の広告などで華やかさがあったので、少し緊張感がほぐれたのだけれど、無数の五星紅旗を見ているうちに、この地域が只事ではない状態にあることを確信せずにはいられなかった。「ようこそ阿爾泰へ！」スキンヘッドの大男が陽気な笑顔を浮かべて言った。大男の名前はワンさんといい、この地域で観光ガイド兼ドライバーの仕事をしている。彼が陽気なのは、彼が漢民族だということもあるのかもしれない。

ホテルに到着する頃には、すっかり夜が更けていた。上海、烏魯木斉（ウルムチ）、阿爾泰と長い空の旅をしていただけに、一刻も早くベッドに身体を伸ばしたかった。しかし、ホテルの扉を開くと、ヘルメットを被った警備員のおじさん3人に引き止められた。「荷物をチェックするから、機械に通してください」「え？ マジで？」なんと、ホテルに入るために空港のようなセキュリティチェックを通らなければならないのだ。しかも、ちょっとその辺のコンビニで買い物をした後も、いちいち再検査しなければならないという。「超めんどくせ～！」そんなこんなで、ようやくチェックインを済ませたのだが、「外国人の宿泊者は、警察署に行って届け出をする義務があります。今から警察署に行ってきてください」フロントのお姉ちゃんが無情なことを言った。「圭くん、今何時？」「23時…」「…超めんどくせ～！」今まで、治安が悪い国を幾度となく旅してきたけれど、こんなに厳重に管理している地域は初めてだった。致し方なく、俺たちは近所の警察署に出向いた。しかし、警察署には担当者が不在だったらしく、薄汚れた署内の一室で1時間以上待たされた。ようやく迷彩服を着た肥満の担当者が寝起き顔でやってきて手続きを始めてくれたのだが、スマホで登録フォームに入力する作業が、エラーが出まくって全く進まないときたもんだ。「超めんどくせぇ…」中国は物乞いすらも携帯電話を使ってQRコードで「ピッ」とやって電子マネーをもらっているくらい、携帯端末でなんでもかんでもやってしまう国だ。しかし、システムが不調だったりすると、何もかもがストップしてしまうというデメリットを山盛りで孕んでいるのだ。

こうして、ようやく解決して宿に戻った時には、すでに午前2時を回っていた…「まぁ～仕方ない！ ビールを一杯飲んで、気持ちをリセットして寝ることにしよう！」ビールが入ったスーパーの袋を片手にブラ下げてエレベーターに乗ろうとした、その時だった。「ちょっと待ってください！」フロントの姉ちゃんに呼び止められた。「は？ 今度は何？」「部屋でお酒を飲むのは禁止されています。お酒はフロントで預からせていただきます」「…超めんどくせ～～！！」今回、リアル中国人のミボちゃんが同行してくれているので、何事もすんなりと行くと思っていたけれど、ミボちゃんでさえ「全く違いすぎて外国みたい…」と言って鼻の頭に汗をかいている。これは、俺たちが2人だけで訪れていたら、かなり高い確率で、全く何もできずに終わっただろう。ギリシャやアイスランドに行った時、あまりにも快適に物事が運びすぎて、「本当に旅が始まっているのだろうか？」と日本にいるような錯覚を覚えたものだ。それとは対照的に、今回はまだ旅の扉を開けただけだというのに、「とんでもないところに来てしまった」という胸騒ぎという名の実感に溢れていた。

「ゲフッ」失礼。あまりにボリューム満点の朝飯に、思わずゲップが出てしまった。まぁ良い。中国ではゲップは満足の意思表示と言われているのだ。ゲフッ。もともとボリューム満点の食事というイメージがある中国の中でも、新疆料理は特にボリューム満点で知られている。しかも、暖かい肉料理やお粥、野菜料理、卵料理、チャーハン、蒸しパンに加え、色とりどりの漬物が並んでいた。

美味しい朝ごはんも食べられたし、楽しみにしていた滑走初日である。いつもならスキーの準備中は口数が増えるはずなのに、俺と圭くんは無言で準備を進めていた。1stトリップで行った長白山や北京よりもずっと北に位置し、豪雪地帯と言われている阿爾泰であるから、さぞかし寒いのだろうと警戒していた。日本から出発するとき、極寒地用のダウン上下を持ってくるか最後まで迷ったくらいだ。それがどうだろうか。外は汗ばむほどのポカポカ陽気。街の積雪はゼロで、スキーの格好をしているのが照れ臭いくらいなのだ。昨日ホテルまで送ってくれたワンさんが、今日は好意でスキー場に送ってくれるらしく、ホテルの前にランクルを停めて待っていてくれた。「スキー場は2週間前に今季の営業を終了したんだけど、スキー場の社長は友達だから、特別にリフト動かしてもらうよ」ワンさんがニコニコ笑顔で言った。「阿爾泰を日本に宣伝してよね！」とウインクしているけど、雪解けが進んだ閉鎖されたスキー場での滑走写真を日本で公表したら、間違いなくマイナスプロモーションになるだろう。まぁ、それでも良いというなら、好意に甘えようじゃないか。泊まっているホテルの脇道が「将軍山通り」と言い、道路脇の街灯に山羊をモチーフにした阿爾泰のゆるキャラ（かわいい）の看板が下がっていた。車が走り始めてわずか1分で、将軍山のスキー場が迫ってきた。「近っ！」サハリンに行った時、街の中心からわずか10分の場所にスキー場がある！ と大騒ぎしていたが、ここは近いにもほどがある。車で行くのが恥ずかしいくらいだ。

「なんだ、ありゃ…」雪の気配を感じさせない周囲の色合いと青空に、不自然な白い帯が曲線を描いて山に張り付いていた。人工降雪の跡がかろうじて残っていて、ところどころ雪が途切れている部分もあった。「まじか」第1ステージから、圭くんの途方に暮れた表情を何度見てきただろうか？ 圭くんのテンションが上がらないのは分かるけど、目の前の状況を楽しむことこそが俺のできることだと自分に言い聞かす。俺は「ワクワクしてきた―！」と空元気で笑顔を振りまくと、ミボちゃんが引き攣った笑顔で応えてくれた。そして、雪のないスキー場ベースからゴンドラに乗り込んだ。

さすが、冬の観光をスキーに頼っている阿爾泰だけあって、スキーセンターやリフトなどの施設が超立派だ。しかし、コース脇にある「人類滑雪起源地」という巨大な看板は、取ってつけたような印象だった。「ふーむ、ここが古代スキー発祥の地か…」と言ってはみたものの、残念ながら古代の雰囲気は1mmもなかった。将軍山の頂上には、ヒマラヤ登山のベースキャンプにつくるプジャ（祈祷）塔の様なものがあり、四方八方にタルチョがひろがり、そのカラフルな旗と青空とがマッチして、「遠くシルクロードの果てにまで旅をしてきたんだ…」というムードをほんの少しだけ盛り上げてくれた。地球を滑る旅ではムードがとても大切なのだ。なんとなく滑ってしまったら、どこを滑っても大差ない。ここに来るまでの過程を噛み締め、大気や霊的なものを全身で感じ、ここにしかない景色を存分に味わいながら、クセのある雪に1ターン1ターン気持ちを込めて刻んでいくのだ。間違っても「わざわざ世界でもっとも内陸にある街に来てまで滑る斜面か？」などと冷静に考えてはならない。まぁとにかく、生まれて初めて滑る斜面であるのは確かだし、もう一生滑ることのない斜面かもしれないのだ。

世界中を滑る旅を始めてから、俺は「一期一会」という言葉が持つ本当の意味を知った気がする。人工雪の雪解け斜面は、天然の残雪のようになめらかな斜面になりにくいのだろうか。雪面はガタボコだし、雪の硬さもまちまちだ。もし雪の帯から誤ってはみ出そう物なら、コース脇に無数に立っている鉄柱に激突しかねない。バックカントリーばかりを滑ってきた俺は、実は人工雪のスキー場を滑った経験に乏しい。今まで5本の指で数えるくらいの経験しかないのに、その一回はオーンズスキー場のオープン日に、コースに座り込んでいたスノーボーダーをかわしてコースから外れ、枯草の斜面を転がった痛い経験だ。また、もう一回が、この旅の1stステージで行った長白山スキー場で、滑落してネットにひっかかった恥ずかしい経験だ。ここでは俺が得意とする野生の勘は通用しない。ただ斜面をじっくりと観察し、集中して対応するのみだ。

硬いガタボコの雪面に弾かれながら、極力面が良いところを狙いすましてターンを入れる。ゲレンデにしてはなかなかの斜度だ。自分の周囲が全て茶色というのは新鮮な感覚で、それを楽しみながら、少しずつ雪の攻略法をつかんでいく。山の中腹に差し掛かるころには、肩の力もすっと抜け、流れる景色を楽しみながらスピードを上げていった。ひとまず滑れたことでスキーヤーは多かれ少なかれ満足感に包まれるのだが、俺たちは撮影に来たのだ。あらゆる無理を押して、なんとか旅を成立させるべく、セカンドステージまで引っ張ったけれど、その判断は正しかったのだろうか。俺も圭くんも危機感を覚えながら、雪が解けたコースの裾をとぼとぼ歩いていった。そのとき、圭くんの悲鳴が響き渡った。「うわ！！」振り向くと、右足の膝から下が、肥溜めに足を突っ込んだように泥まみれになっていた…泣きっ面に蜂ならぬ、泣き面に肥溜めである。「最悪！」こうして、俺たちは脱力感に見舞われながら、阿爾泰の街に降りていった。

阿爾泰の街は、中心部がコンパクトで、郊外に巨大な集合住宅が立ち並んでいる。辺境の小さい街だと思っていたけれど、函館市よりちょっと少ないくらいの人口なのだ。阿爾泰の街中に連泊していた俺たちは、少しでも風土に慣れるため、暇さえあれば散策して過ごしていた。街の中心を流れる川のほとりの公園にたくさんの人だかりができていた。何事かと思って近寄ってみると、麻雀卓を囲む人だかりだった。あっちのテーブルでも、こっちのテーブルでも、白熱した麻雀が繰り広げられていた。リタイヤした高齢者の集まりなのだろうか？ すると、一人の中国人に話しかけられた。「よう！ 今朝も会ったよね！」太極拳をやりに早朝の公園を訪れた時、遊具を使ってトレーニングをしていたエネルギッシュなお兄さんだった。兄さんはロードバイクにまたがり、サングラスをかけ、いかにもスポーツマンという出で立ちだった。「いや、たまたま人だかりを見つけたから、何だろうと思って」「そっか。よかったらお前達もやってみたら？」兄さんはそう言うと、麻雀の人垣に入って行った。「暇か！（笑）」
よく見ると、決してリタイヤしている年齢の人々ばかりではなく、日本でいうと課長クラスの年齢の人が、平日の白昼から公園で雀卓を囲んでいるという状況だった。「仕事しろよ！（笑）」おっと、この国の就労状況を知らずに失礼なことを言ってしまった。でも、よくよく調べてみると、昨年行ったギリシャの失業率が21.5％という水準だったのに対し、中国は4.7％と、日本とさほど変わらない水準だった。麻雀＝暇人と思ってしまうのは、俺の中で麻雀のイメージがあまり良くないからかもしれない。余暇を使ってマラソンや山登りをしている人を見て、「働けや！」とは思わない。麻雀といえば、高校生のとき先輩にカモられた苦い思い出しかなかったのだ。
しかし、中国の麻雀を同じように見てはならない。中国での麻雀普及率は凄まじく、ホテルの部屋にも結構な確率で麻雀卓が設置されている。家でパーティーとなれば麻雀、仕事の会合となれば麻雀、子供が4人集まれば麻雀といった具合に、老弱男女が健全に麻雀と共に生活しているのだ。聞くところによると、麻雀は2022年の北京冬季五輪での正式種目を本気で狙っているんだそうな（そんな無茶苦茶な…）。しかし、五輪の種目になる可能性がある遊びと聞くと、公園で麻雀をしている人がストイックにトレーニングするアスリートに見えてくる…わけがない。俺は七対子（チートイツ）と一盃口（イーペイコー）しか知らないので、百戦錬磨の麻雀達人のカモになるだけだ。そそくさと公園を後にするのだった。

街をぶらぶら歩きながら、俺たちはキョロキョロ首を振って最適な店を探していた。「圭くん、あの店がいいんじゃない？」何度か提案してみたけど、圭くんはなかなか首を縦に振らなかった。「タケちゃん、ちゃんと切るから。もうちょっと選ばせて」何を切るかというと、髪である。この旅では、いつからか髪を切ることが恒例となり、「地球のどこかで髪を切る旅」として定着した節がある。今となっては、全国の読者はもちろん、全国の美容・理容関係者の注目を集めるようになった（ウソです）。たとえ、中国男性の99.9％がカリアゲだとしても、切らないという選択肢はないのだ。今まで、二人揃って切ったことが何度かあったけれど、圭くんのヘアースタイルの破壊力には敵わなかった。俺は、合コンの引き立て役のようなものだった。頑張ったとしても、お金と時間を投じるだけで、主役にはなれないと分かっていたのだ。物凄く切りたくて切りたくて仕方ないけど、ここは圭くんに全て託すことにしよう！（ガッツポーズ）
「できればスタイリストは女の人がいいな…」いつも潔い圭くんにしては珍しくビクビクしていた。いくつか覗き込んで、柔和な印象の女性スタイリストがいて店内が明るいお店に決定した。確かに、この女性ならば、圭くんが一番避けたいカリアゲにはならなそうな気がした。「さて、どうしますか？」女性スタイリストが準備しながら言った。圭くんはヘアースタイルのカタログを見ながら少し迷っていると、女性は「どこから来たの？ もしかして外国人？」と聞いてきた。「日本から来たんですよ〜。中国で髪を切ってみたくて」「そうですか！ この店に外国人がくるのは初めてなのよ」俺はカメラをバッグから取り出し、「撮影してもいいですか？」と聞いた。「もちろんよ」女性が答えた、その時だった。店の奥にいたスキンヘッドのオーナーが突然立ち上がったのだ。スキンヘッドのオーナーと女性が何やら話している。どうやら、スキンヘッドのオーナーが切りたいらしく、女性と交代することになった。「え？ え？」圭くんは驚いて、目をパチパチさせている。武道着のような服を着たスキンヘッドのオーナーは、スタイリストというよりお坊さんのような風体だ。オーナーは「おまかせでいいね？」と言うと、迷いのない手つきで切り始めた。俺は、腹を抱えて笑う準備をしていたんだけど、オーナーの技術は目をみはるほどだった。美しい手さばきと多彩なテクニックで、時に大胆に、時に繊細に、ヘアースタイルという芸術を織りなしていった。話によると、彼は都会で開催されているコンテストなどにも度々参加している意識の高いスタイリストだった。「なんだ〜。なんかつまんないな〜」俺がちょっと残念そうにしていると、「良い髪型になって、なんで残念がるのさ！」圭くんはホッとした表情で、笑いながら言った。しかし、ホッとするには早すぎたようだ。オーナーが大きなブラシを取り出し、ドライヤー片手にセットを始めると、急に雰囲気が変わったのだ。実に軽妙なブラシさばきで、圭くんの髪がボリュームを増していく。みるみるうちに、圭くんはビーバップハイスクールの清水宏次朗のような髪型になってしまった。プロ意識の高いオーナーの仕事を笑うわけにもいかないので、俺は涙を流しながら、笑いをこらえるしかなかった。ミボちゃんもタクちゃんも同様に、顔を真っ赤にし、プルプル震えながら涙を流していた。最後の仕上げに、昔、XjapanのToshiが髪を立てるのに使っていたことで有名になったダイエースプレーのような超ハードスプレーで髪をバッチリ固めて、小さい「みやぞん」が完成した。
お店を出た後も、圭くんの姿が少しでも視界に入るたびに、腹が痛くなるほど笑いすぎた。笑いすぎて呼吸困難になって死んだ人って、いるのだろうか。いつまでもそのままでいて欲しい気持ちもあったけど、食事中に間違って圭くんを見てしまったら、口の中の食べ物を、遠くの壁まで吹き出してしまいそうだ。
中国の旅で、俺たちは必死になりすぎだった。この笑いが、これから旅が好転していくきっかけになりそうな、そんな予感に包まれていた。

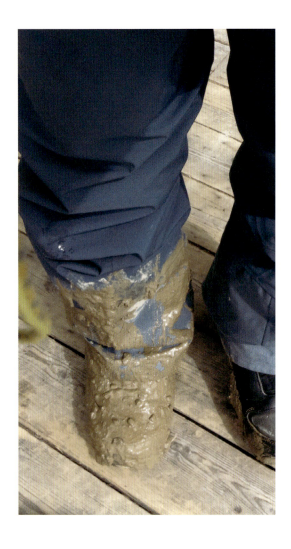

翌朝、リベンジを決意してワンさんのランドクルーザーに乗り込んだ。目指すは阿爾泰の郊外へ車で1時間半ほど行ったところにあるスノーパークというスキー場だ。リベンジといっても、将軍山スキー場で踏み抜いたドブへのリベンジではなく、1stトリップに始まり、辛酸を舐め続けてきた日々へのリベンジという意味だ。俺たちは、何も人工雪のスキー場が滑りたくて中国まで来たわけではない。天然雪が滑れる大自然で十分に滑ることができて、そこにスパイス程度に人工雪のスキー場のシーンがちりばめられたら、コントラストが際立った魅力的な作品になると思っていた。しかし、人工雪を滑った写真しかなかったら、ご飯にスパイスだけふりかけて食べるようなものだ。野菜や肉といった主役がいるカレールーがあることが大前提であって、スパイスだけでは何も始まらないのだ。この旅で（いや、中国全体で）最も豊富に雪があるはずのスノーパークで、どれだけ滑ることができるか。それによって、今回の旅が本になるか、はたまた只の慰安旅行になるのか、実質上決まるといっても過言ではなかった。

車にはワンさんの13歳の息子が便乗していた。「滑りを見て勉強したい」と言って、付いていて来たのだという。なんて熱心な若者なのだろうか。聞くところによると、ワンさんの息子はフリースタイルスキーでオリンピック選手を目指してトレーニング中なのだとか。ここは一肌脱いで、中国の若きスキーヤーのために、日本のプロスキーヤーの姿を見せてやろうじゃないか。スキーに対する真剣な姿勢はもちろん、スキー用具に関しても違いがあるだろう。スキーウェアひとつをとっても…。スキーウェア？ そういえば、スキージャケットを持ってきた記憶がない…「すみません。スキーウェアを宿に忘れました…」一瞬にして凍りつく車内。「でもさ、良く気づいたよね。流石オレ！」と笑って誤魔化しながら、ワンさんの息子の冷ややかな視線が気になっていた。スキージャケットをホテルに取りに帰り、再出発して10分。今度は車の調子がおかしくなって、前進できなくなってしまった。どうやらミッションがいかれたらしい。「ミッション・インポッシブルだね」と俺がボソッとこぼすと、これが思いがけず圭くんにウケた。「今までのタケちゃんのジョークの中で一番面白かったわ！」という一言に喜びながら…いやいや、そんなこと言ってる場合じゃないって？

色々と時間のロスが続いたけど、さっきよりもボロいランクルに乗り換えて再出発した。30分ほど走ると舗装道路からダートに変わり、やがて山岳エリアの検問に差し掛かった。案の定、検問は壊滅的に手際が悪く、さらに時間を浪費してしまった。俺たちの後に検問に通りかかった遊牧民のおっちゃんは、馬を十数頭引き連れて、ほとんどスルーだったというのに…。やはり、この地域では、どんな外国人も超要注意人物として見なされてしまうのだ。ようやく検問を越えて山奥に向けて踏み分けて行くと、みるみる道が悪くなっていき、道路脇に雪が目立つようになると、ぬかるみと轍で悪路を極めるようになった。その時、ずっとスマホゲームばかりやっていたワンさんの息子が、「ほら！ そこ！ オオカミ！」と叫んだ。「え？ どこどこ？！」俺たちは車から身を乗り出すようにして探してみたが、オオカミの姿を確認することはできなかった。ワンさんの息子は、ひとこと言って満足

したのか、再びゲームの世界に戻っていた。実際に、この地域はオオ
カミが多く、度々人が襲われて死亡する事故も起きているという。俺
たちがこのエリアのBCを調べた時、まずアドバイスされたのは、
「バックカントリーはオオカミだらけで危険だぞ」ということだった。
北極圏のスバルバールでバックカントリースキーをする場合、ライフ
ルのライセンスを持っている人が、ライフルを携帯していなければ入
山は認められないというが、ここでは「去年、女性がトレッキング中
にオオカミに食われた」という情報はあっても、だからと言って、何
も対策はないようだ。「オオカミに気をつけてね!」とワンさんは言う
けれど、どうやって気をつければ良いのだろうか。

最後の峠をこえると、突如として一面に広大な雪世界が広がった。あ
まりの眩しさに、非現実の世界に降り立ったような気分だった。雪が
なかったら御終いだと追い詰められていた俺たちにとって、そこは極
楽浄土に違いなかった。「…ここは天国か?」俺と圭くんは、締まりの
ないマヌケ面で車に揺られていた(多分俺はよだれを垂らしていた
と思う)。あたりの景色が天国に近づいていく一方、路面状況は地獄
の様相を呈していった。「どんなに山がよくても、絶対に流行らない
スキー場だな」俺は思わず呟いてしまった。何しろランクルでも辿り
つけるか微妙なのだ。いつスタックするかドキドキしながら、360
度雪景色に囲まれた雪原をしばらく行くと、スノーパークのベースら
しき建物が見えてきた。ロッジのまえには5台ほどのモービルが並
び、スタッフが眠そうに日向ぼっこしていた。スノーパークは民間の
施設で、道路もスノーパークが管理しているため、整備にお金をかけ
る余裕がないんだとか。限られたお客をスノーモービルで運んで滑
らせるスキー場が、儲かるとはとても思えない。近い将来、国がサ
ポートするとの噂だけど、国の援助がなければ、数年でなくなってし
まうんじゃないだろうか。それにしても広大すぎるエリアだ。雪解け
が進んで、今はモービルで行けないエリアが多いみたいだけど、穏や
かな山容はまさにモービル天国。緩やかな斜面だけど、天然雪に囲
まれているだけでシアワセだった。

早速、モービルドライバーのうしろに乗り、一気に正面の山の頂上へ
登って行った。すぐ近くの丘だと思っていた斜面は、実際行ってみる
と、そんじょそこらのスキー場より滑りごたえのある斜面だった。斜
面に滑り出すと、表面にうっすらと粉雪。しかし、調子に乗ってスピー
ドを出すと突然固い凸凹の雪面が現れるので、一瞬たりとも油断で
きない。3本滑ると足が良い感じに疲れてきたけれど、プロスキー
ヤーたるもの、余裕があるように振舞わなければならない。俺が滑る
姿に注目している少年の「夢」を育むためにも! 俺は、ロッジの近く
でこれみよがしにスイッチしたくらいにしてカッコつけながら、ワン
さんの息子に目をやった。ところが、俺の滑りになど目もくれず、スマ
ホゲームに没頭してやがるし! 滑り見ないなら、せめて登って滑れ
や! このガキ!(ついついムキになってしまった。失礼)

さて、ロッジ正面の緩やかな斜面で3本も滑り、明らかに俺たちは行
き詰っていた。確かに雪は結構あるけれど、このままではメインとな
るライディング写真は撮れないだろう。圭くんが、今にも「写真集は
来年に持ち越そうか…」と言い出しそうな空気が流れていた。そんな

俺たちの雰囲気を察したのだろうか。ガイドの兄ちゃんが突如提案し
てきた。「お客さんは誰も連れて行ったことがない特別な斜面に連れ
て行ってあげるよ!」ワンさんの息子は全く見ていなかったけど、ガイ
ドはちゃんと俺の滑りを見ていて、コイツらなら連れていけると
思ったんだろう。しかし、ガイドはシールを持っていないらしい。「今
日は持ってきてないの?」と聞いたら、「どっかになくした」だって
さ! 「大丈夫。シールの代わりに縄をぐるぐる巻きにして登るから」
と笑っているガイド。なんかすごく心配になってきたんだけど…。
モービルは山をふたつ越え、見渡しの良い稜線上を颯爽と駆け抜け
ていく。山頂が近付いてくると、ここまで車で走ってきた谷や赤茶け
た大地のパノラマが開け、その奥に将軍山スキー場も望むことがで
きた。あのスキー場を滑っていたときは「今回の旅も、まともに滑れ
ないかもしれない」と不安しかなかったけど、360度広がる雪の斜面
に、今は希望しか湧いてこなかった。

早速、山の裏手に滑り込んで撮影が開始した。雪解けと風が織り成
したガタボコ斜面を気持ちよく飛ばしていく。すぐ近くだと思った谷
底が滑っても滑っても近づいてこない。アラスカに行ったときを思い
出した。デカすぎる自然の中にいると、度々起こるスケール感麻痺。
登り返しは大変だけど、山に対してスキーヤーの存在がちっぽけで
あればあるほど幸せだ。俺は1本では飽き足らず、稜線最奥のピーク
まで移動して、大斜面滑走を2回おかわり。第1ステージに続き、第2
ステージも不安たっぷりの始まりだったけど、結局神様は微笑んで
くれるのだ。その恵みを身体いっぱいに受け止め、360度全ての景
色に喜びながら滑るうちに、笑いが止まらなくなってきた。

最後の一本はさらに奥にトラバースし、谷底までの超ロング滑走だ。
しかし、ここでとんでもない雪に出くわした。ハードクラストの下に底
なしのスカスカザラメ雪で、滑走中に突然落とし穴に落ちるようにク
ラストを踏み抜いて前転するほどの変態雪だった。世界中の手強い
雪と対峙してきた百戦錬磨の俺でさえ、どう滑って良いのか分から
ない雪があるのだ。そんな雪に出会えた時、妙に萌えてしまう俺は、
やっぱり変態なのだろうか。油断ならない斜面がしばらく続いたけ
れど、標高が下がるにつれ雪質が変わり、斜度も増してきた。そして
コーンスノーの面ツル急斜面に突入していった。「これだよ! こ
れ!」これまで中国で滑ったといえば、カチカチのゲレンデかボコボ
コの閉鎖ゲレンデしかなかっただけに、快適なコーンスノーの大斜
面はパラダイスに他ならなかった。俺はターンを刻むことで、圭くん
はシャッターを切ることで、今まで溜まっていたものを豪快にぶちま
けていった。

どんな条件でも楽しむ自信はあるけれど、スキーが自分の思うよう
に動き、恐怖心もない条件に出会ったとき、なんとも言えない幸福
感に包まれる。スキーヤーという野生動物となって、阿爾泰の大自然
を疾風のごとく滑り抜けていく自分に酔いしれながら…。ガイドのに
いちゃんが俺の滑りを見て感心していた。どんどん先に降りていっ
て、俺の滑りを下からじっくり見たい様子だ。どうでも良いけど、俺た
ちが撮影に使いたい斜面の真ん中にシュプールを残すのやめてくん
ない? それに、俺もこんなに滑れるぞアピールはいらないから(笑)

でも、阿爾泰のガイドがこんなに滑れるとは驚きだった。もしかした
ら、彼は今中国で最もBC滑走が得意なスキーヤーかもしれない。
コーンスノーを蹴散らして滑りつづけると、やがて沢の中に吸い込ま
れていった。そこから沢のハーフパイプが延々と谷底まで続いてい
た。下界から見たときは、雪が少なすぎてとても谷まで滑ってこれそ
うにないと思っていたけど嬉しい誤算だった。圭くんと談笑しながら
最後の緩斜面を移動していくと、割と水量の多い川にぶち当たった。
「マジか…」カメラ機材を持って川を渡るのは、めちゃくちゃ緊張す
る。なにしろ、様々な苦労の末に、ようやくまともに滑れたのだ。その
作品が水没するようなことがあったら、何もかもがパーになってしま
うではないか。ひとまずは、向こう岸に自分の荷物を置いてから、み
んなをサポートしに戻ってこよう。幾多の渡渉を経験してきた俺は、
スマートに川を渡り切る自信があった。しかし、途中で足を滑らせ
て、太ももまで水に浸かるという失態を演じてしまった。それでもな
んとかカメラや携帯類は助かったので、必死の形相でカメラを取り
出す余裕がない圭くんの代わりに、携帯カメラでみんなを撮影して
いた。「タケちゃ〜ん! カメラ守ってよ!!」笑って動画を回している
場合ではなかったようだ。結局、水浸しで泥まみれになりながらも、
なんとか機材だけは死守して、全員川を渡りきった。ボロ雑巾のよう
にクタクタになり、帰りの車に揺られながら、久々に味わう心地よい
疲労感という名の満足感を味わっていた。

「2万年前に描かれた、スキーの壁画があるらしい…」なんてロマンに満ち溢れた旅の動機なのだろうか。謎めいたものを追い求めて旅をするのは、とても心地良いものだ。幻の古代遺跡を探し求める人や、雪男を追い求めて旅をする人のような、まさにミステリーハンターが世界にはごく少数生息しているけれど、彼らの旅に共通するのは、謎を解き明かして、目的を果たすことが必ずしも一番大切なことではないということだ。追い求めることで、心の中に棲み続ける「ワクワク」や「ドキドキ」というもの。そして、夢の中の住人でいられる至福のひとときこそが、彼らを探検から離さない一種の麻薬になっているのだろう。置きが長くなったけれど、俺にとって最も大切なスキーという文化が刻まれた世界最古の壁画を訪ねることは、まさに、スキーの神様に会いに行く、聖地巡礼の旅に他ならなかった。

「古代スキーの壁画を見に行きたいんだけど、どこにあるのか教えてもらえますか？」ホテルのフロントで尋ねてみた。「…は？」フロントのお姉さんは、目を丸くしている。何か変なことを聞いただろうか？もう一度聞き直してみたが、お姉さんの反応は同じだった。何人かに尋ねてみて分かったことは、古代スキーの壁画がどこにあるかなんて、誰も知らないということだった。でも、スキー関連のガイドや外国人向けのコーディネートをやっているワンさんならば、さすがに知っているだろうと思い、聞いてみると「あるらしいね。行ったことないけど」だってさ。それでも、ワンさんは俺たちのために、壁画探しに付き合ってくれた。地図にも載っていない道を右往左往し、通りがかりの人にはもれなく道を尋ね、仲間に電話で聞いたりして、ようやく岩山の麓にある1本の林道を探し当てた。たった一度だけ行ったことがあるというワンさんの仲間が言うには、林道の入口に小さな看板があるとのことだったけど、その看板は最近撤去されてしまったらしい。誰も管理していない場所なので、壁画に落書きをする人がいたため、あえて分からないようにしたというのだ。古代スキー発祥の地として世界に売り込もうとしている割に、唯一無二の遺跡の扱いが雑だ。ちゃんと管理して、観光客を呼んだ方が良いのではないだろうか？

「ここか…」厳かな気持ちで車を降りた俺たちの目の前に、壁画が描かれている大きな岩があった。しかし、鉄の柵で周りを囲まれていて、全く近づくことができなかった。「ダメじゃん！ 全く見えないし！」圭くんがカメラの望遠レンズを通して見てみたら、壁画らしきものが確認できた。でも、柵越しにカメラのレンズを通して見ただけでは、聖地巡礼を終えた気がしないではないか。俺は覚悟を決し、潜入作戦を決行することにした。監視国家と呼ばれる中国だから、どこかに監視カメラがあってもおかしくはない。でも、この長閑な山奥で、監視している人がいるなんて、想像しにくかった。ずっと想いを寄せてきた壁画が手の届くところにまで来て、俺は冷静な判断力を失っていた。「聖地巡礼＞安全」と言う構図が自分の中に生まれ、俺は柵を飛び越えて壁画に忍び寄って行った。せっかくの聖地巡礼と言うのに、まるで女風呂を覗いている中学生のようだ。結局、たった5秒ほど壁画をチラ見して、俺は逃げ帰って来てしまった。まだ動悸が収まっていなかったけれど、俺は5秒で網膜に焼きつけた壁画を反芻しながら、静かに目を閉じて、壁画が描かれた2万年前の冬に妄想の旅に出た。

呼気を白く立ち上げながら、野牛を追いかける男たち。長い板で雪を踏みしめる音が山合いに響いている。今日の猟果はまずまずだった。大きな岩の窪みに穴を掘り、そこで牛を解体する作業を始めた…。頭の中に、ぼんやりしたイメージが浮かんでは消えてを繰り返した。2万年前、人々はどのようなスキーを操り、どのように滑っていただろうか。遠い過去のものに思える古代スキーだけど、その燈は脈々と受け継がれている。阿爾泰から車で5時間、そしてさらに馬に乗ること2時間という山奥に、今もなお2万年前と同じ手法でスキーを作り、古代スキーを使って生活している、生きる遺跡とでもいうべき人々が暮らしているというのだ。

古代スキーの故郷を訪ねて

阿爾泰の朝はひんやりした空気で澄み渡っていた。ホテル前の公園では太極拳をする人々。中国らしい静かな朝の時間が流れている。ホテルにワンさんが迎えにくると、警備のおじさんが荷物を積み込むのを手伝ってくれた。最初は面倒くさいおじさんだと思っていたけど、日に日に心が通って友達のようになった。町中に警官が溢れ、そこら中に監視カメラが目を光らせている阿爾泰だけど、滞在中、警官が携帯でクダラナイ動画を見ながら歩く姿や、仲間同士ふざけあう姿をよく目にした。きっと、もともとは陽気でゆったりした人々なんだろうな…。カシミールの時も思ったけど、人々はみんな平和を望んでいるのだ。こうまでしないと平和を守れない彼らの生活を不憫に思った。

車は阿爾泰の街を抜けると、荒涼とした景色が広がってきた。広大な牧場や乾燥した荒地が延々と続き、道路がまっすぐ地平線に向かっている。ワンさんの陽気なトークが車内に響き渡り、これから楽しい旅が始まるワクワク感に包まれていた、その時だった。車の足元がギーギー鳴り出し、ワンさんは無言で車を路側帯に寄せて停車した。その後、何回かギアを入れようとしたけれど、ギーギー音がしてギアが入らない…。またしてもミッションがいかれたらしい…しかも、阿爾泰からかなり移動した荒野のど真ん中で！「ミッション・インポッシブルだね」と言ってみたけど、さすがに今回はウケなかった。車はすでにまったく動けない状態となり、ワンさんは同じ会社の仲間に連絡を入れて、車を持ってきてもらう手配を取りつけていた。それにしても、車にツイていないのか、ワンさんの車がボロすぎるのか…。まぁ、今日は移動だけの日だから良かったと思うしかない。

1時間くらい待っただろうか？ 新型のランクルでワンさんの仲間が現れた。「おお！ この車なら故障しなそうじゃん！」中から現れたのは、ワンさんと同じ帽子をかぶっているけれど細身で陰気な中年男だった。「ここでドライバーを交代するよ。紹介します。ワンさんです」「え？ 交代？ ワンさんということは兄弟なの？」と聞くと、「兄弟ではないけど、越野兄弟（クロスカントリーブラザーズというチーム）の仲間だ」と言った。こうして、小さいワンさんにドライバーが代わり、再びドライブがスタートしたのだが…。新しいランクルなのにノロノロ運転だし、そもそも運転が下手だし、おまけに訛りの強い中国語で、ミポちゃんですらコミュニケーションにひと苦労ときたもんだ。

塩湖のほとりを抜けると、その先はだんだん砂漠っぽい景色に変わってきた。遠くに大きな砂丘も見える。俺たちはシルクロードを旅している自分たちに少し酔いしれていた。やがて山道に変わり、白樺や針葉樹が目立つようになってきた。曲がりくねった道が続き、峠を越える度に雪が増えていった。「車停めて！」最後の峠から見下ろした景色を、俺は一生忘れないだろう。山の半分から上に残雪が光り、シルエットの美しい山々が盆地を取り囲んでいた。山奥にひっそり佇むパラダイス。きっとここが禾木村に違いない。禾木村は、まさに中国版の白川郷と言った雰囲気。素朴な木造の家屋が肩を寄せ合うよ

うにして、小さな村を形成していた。ここは「中国国家地理雑誌」で中国で最も美しい村の一つと紹介されており、トゥバ族という少数民族が暮らしている。「世の中にはこんな村があるんだ…」まるでファンタジー映画のワンシーンを見ている気分だった。そんな村に俺たちは今まさに足を踏み入れたのだ。

川のほとりの待ち合わせ場所に着くと、日焼けした中年の馬乗りが笑顔で待っていた。俺と圭くんは、柄にもなく緊張していた。自慢ではないが、俺たちは子供が乗るような引き馬しか体験したことがなかったのだ。モンゴルなどの遊牧民族の地にスキートリップに行く際は、バッチリ乗馬のトレーニングをこなしてから行くつもりだけど、まさか中国で超ワイルドな乗馬トリップをするなんて思ってもいなかったのだ。不安しかなかったので、ガイドのミアさんに「俺たち、まっったくの初心者だけど大丈夫かな？」と聞いてみたら、二つ返事で「大丈夫だ」と言ってニコニコ笑っている。

俺は外国人ガイドの「大丈夫だ」を絶対に鵜呑みにしないようにしている。ガイドをつけたこと自体少ないけど、あまり良い思い出がなかったからだ。スペインのピレネーで頼んだBCガイドは、バックパックの代わりに弁当くらいしか入らない小さなナップサックを背負って現れた。フル装備を背負った俺は、思わず「大丈夫？」と聞いてしまったのだが、彼は（何言ってんだ？ こいつ）という表情で「大丈夫だ」と言い切った。案の定、ガイドはスキーエリア山頂から裏に下山するコースでルートを間違えて進退極まり、パニックになって一人でどんどん降りて行ってしまった。ガイドを見失うまいと必死になってついて行ったゲスト達が相次いで転倒・滑落という危険な経験をしたことがあったのだ。日本であっても、人によって「大丈夫」の価値観には結構なズレがあるのだから、こんな山奥の少数民族が言う「大丈夫」なんて、鵜呑みにしていいはずがないのだ。

不安なのは、慣れない乗り物ということだけではない。馬の場合、当たり外れや相性があるし、馬がどのように動くのか予想できないので、余計に不安なのだ。子供の頃、土曜20時からやっていた「暴れん坊将軍」のオープニングを思い出した。同じ時間帯にやっていた「8時だよ全員集合」が教育に良くないと言っていたオフクロにチャンネルを変えられて仕方なく観ていた暴れん坊将軍だけど、オープニングテーマに乗せて松平健が魅せる馬さばきの凄さが、今ようやく分かった気がした。

「撮影をしたいから、彼に一番カッコ良い馬を乗せてほしい」という圭くんのリクエストで、一番大柄で茶色の馬に俺が乗ることになった。一方、圭くんには落ち着きがなく、隙さえあれば脱走するという問題馬が当たった。さすがに問題ありなので、馬ガイド手伝いの姉さん（ミアさんの妹）が他の馬に乗って圭くんの馬を引く体制をとった。さて、出発から一人で馬に乗りながら、片手で映像をとらなければならないという難題である。しかも、俺の馬ときたら、すぐにサボって列

から遅れ、マイペースでなかなか進まないときたもんだ。どうやら俺は完全に舐められているようだ。ミアさんが後ろに回り込んで「チッ！ チッ！」と鞭の音をマネて発音すると、とたんに走り始めるのだ。ところどころ急坂や川などもあり、手綱を握る手に力がこもっていたけれど、次第に「馬を信じる」を意識するようになってから、馬も歩きやすそうにスムーズに進むようになった。丘の上には、まるで天国のような長閑な世界が広がっていた。広大な草原の向こうには、残雪をまとって真珠のように輝く雪山が望め、俺たちはウットリしながら馬に揺られていった。「いつかシルクロードで自ら馬を操って雪山を目指したい」そんな漠然とした夢を長年描き続けていた。他愛もなく、それでいて自分にとって大切な夢が44という歳に叶った瞬間だった。

「最高だね！ でもさ…、雪全然ないね…」と圭くんが呟いた。「…やっぱりそう思った？」丘をいくつか越えて標高を上げれば、残雪たっぷりの山が姿を現わすはずだ。いや、そうじゃないと困ると思っていた。しかし、目的の村が見えたというのに、辺りには緑の草原が広がっていた。まぁとにかく、まずは古代スキーをつくるところを見るのが第一の目的だ。そう自分に言い聞かせて馬を走らせていった。俺たちが辿り着いたのは、わずか8世帯しか住んでいない小さな集落、美麗爾だった。「な、なんて美しい名前なんだ…」出来過ぎというくらいの名前と、その名に違わない風景に、俺たちは夢の中の住民になった気分だった（さぁ、古びた木造の小屋の中から古代スキーをつくる仙人がお目見えか…？）。期待に胸を躍らせながら待っていると、ガイドのミアさんが「飯を食ったら作り始めるから待ってて」と言った（え？ まさかのミアさん一人二役？）。少しばかり興醒めしながら、ミアさんが飯を食い終わるのを待った。「よし。作り始めるけど、民族衣装着た方が良いか？」そう言われてさらに興醒め。ミアさんは、歯に挟まったものをシーハーしながら丸木の材を手にすると、それを持って歩き始めた。「いよいよ始まるぞ…」何せ、2万年前から伝わるスキー工芸である。神聖な儀式が始まる前のように、固唾を飲んで見守っていると、ミアさんは、端材で散らかった芝の上に木材を置いた（え？ そこで？）。あまりのカジュアルさに拍子抜けしていた俺たちだったけど、作業が始まると、一気にミアさんに引き込まれていった。

まず、古代スキーは丈夫な白松を材料として作られる。白松は希少価値があり、今は勝手に切ることはできないんだとか。その材をまずチェーンソーで真っ二つに分けた。圧巻だったのはそのあとの作業だ。鋭利に研ぎ澄ました斧で、古代スキーの大方の形を切り出していく。その手先には寸分の狂いもなく、あっという間に古代スキーが木の中から彫り出されていった。そのあと、手際よく鉋で形を整えていくと、つるんとした美しいスキーのベースが出来上がった。削り出しの作業が終わると、次は小屋の中にある工房でトップを曲げる作業に移った。「すげぇ、渋い工房だね！」圭くんが興奮しながら、目の前

で展開されている作業という名の芸術をカメラで切り撮っていく。工房の奥では、大鍋いっぱいのお湯が、薪火でグラグラと煮立っていた。ミアさんは、熱湯にスキーのトップ部分を丹念に浸し、十分に熱くなったところで木の枠がついた棒をトップにはめ、テコの原理でおっていく。再び熱湯に浸して同じ工程を繰り返していくと、トップの美しいカーブが躾けられていった。最後にトップから下60cmくらいのサイドウォール両方に短い釘を打ち込み、トップと3点を革紐で結び、弓のようにスキーがしなるよう革紐とスキーの間に板をかませてテンションをきつく張って固定した。このままの状態で1週間置くと、トップ部分の出来上がるのだという。俺たちは、手際よく進んでいく古代スキー作りに釘付けだった。古代スキーをつくることができる数少ない職人のひとりとして、ミアさんは中国の無形文化遺産に登録されているという。日本にスキーが入ってきたのは、わずか100年ちょっと前。古代スキーの壁画で最古のものが2万年前。スキーの歴史全体からみると、日本にスキーが入ってきたのは、つい最近のことなのだ。長白山や北京近郊のスキー場に行ったとき、新たに建設されている施設や沢山の初心者を目の当たりにして、スキーが始まったばかりの国だと思っていた。人口増加、大気汚染、街中に彩られた煌びやかなネオン。そして、膨大な電力と水を使った人工降雪…。オリンピックに向けて加速する3億人スキーヤー計画と、まったく対極のスキーが中国に存在したのだ。

スキーの板が完成すると、次は滑走面に馬の毛皮を張る作業に移った。つい最近馬を一頭つぶしたのではないだろうか？ 馬の毛皮にはまだ血糊と多少の肉が残っていて、生々しい獣の匂いが漂っていた。ミアさんは、スキーを一度毛皮の上に置き、目見当でカットした。「ざっくりだな〜」あまりのアバウトさに、みんな少し苦笑いしていた。現代でいうシールに使われる馬の毛皮は、お尻から脚にかけての部分がよく使われるという。特に脚の毛は前方向への滑りがよく、後ろへのグリップも良いようだ。触ってみると、たしかにアザラシの毛皮のように毛が短めで硬い。古代スキーは2mくらいの長さがあるので、お尻から脚にかけての毛皮で1本の長さをとるのは難しく、2枚を継ぎ足して貼り付けるのが一般的だという。生に近い毛皮を使っていたのは、まだ毛皮が柔らかく伸縮性があるからで、強く引っぱることで緩みなく滑走面にしっかりフィットしていった。出来上がりが近づくにつれて古代スキーに魂を吹きこまれ、今にも動き出しそうだった。作業を見つめる俺たちの誰もが職人のミアさんに惚れ込み、1組のスキーに惚れ込んでいた。

「俺、このスキー買いたい！」圭くんの切なる想いが声に表れていた。ミアさんは10歳頃から古代スキーに乗るようになり、冬になって馬で行き来できなくなると、学校までの17kmの道のりを古代スキーで移動していたという。当時は、古代スキー発祥の地だということなど誰も知らず、生活に密着した本物の文化として受け継がれて来たのだ。山奥の小さな村が騒ついて来たのは、本当にここ数年のことだ。

中国でのオリンピック開催が決まると、中国各地に物凄い勢いでスキー場が建設されるようになった。中国で数少ない天然雪を滑れる阿爾泰が目をつけられないはずはなく、夏の景勝地としてのみ観光客が訪れていた場所が、今はスキーの街として大々的にPRされるようになった。そのキャッチフレーズが他でもない「人類滑雪起源地」である。この土地は、世界で一番内陸にある地域と言われている。海の民が必要に迫られ、船を作って自由を得たように、絶望的に海が遠いこの土地にスキーという自由の翼が生まれたのは、必然だったと思えてならない。オリンピックにむけ、さらにこのキャッチフレーズが叫ばれ、阿爾泰はどんどん有名になり、古代スキーも広く知られるようになるだろう。まだスキーが人びとの生活に寄り添っている状態にあるうちに、古代スキーを訪ねてきて良かったと心から思っていた。

ミアさん宅で美味しい新疆料理をご馳走になり、俺たちは馬に古代スキーを乗せて、近くの山裾にある斜面に向かった。ミアさんに古代スキーの滑り方を教わり、実際に滑ってみるのだ。俺たちが思い描いてきたさ、今回の旅の大きな目的を果たすのだ。馬に乗って山裾の斜面にとりついた俺たちは、滑って僅か150m程度のなめらかな中斜面の上に立ち、ミアさんの一挙一動に注意を払っていた。踵を上げたまま革紐を締めるのは、踵を下ろしたときに革紐がギュッと締まって固定されるからだ。おそらく教えることなど何もないのだろう。ミアさんはほとんど説明することなく、シューっと滑って行ってしまった。しかし、俺はミアさんのスキースタンスと重心の置き所、そして、杖の使い方を見逃さなかった。早速、ミアさんに借りた民族衣装を身に纏い、古代スキーを装着した。「えっ?!」スキーと靴を固定する革紐を結び忘れたんじゃないかと思うくらいグラグラで、思わず足元を確認してしまった。試しにキックターンをしてみると、スキーはブランブランだったけど、それ以上にその軽さに驚いた。なるほど、どれだけ頼りない乗り物かと思ったけれど、これなら狩りに使えるのも納得だ。「なんて、最高なんだ…」丘の上から壮大な景色を眺め、これから初めての古代スキー滑走をする自分に浸っていると、いつのまにか、取るに足らない自分の短いスキー歴に想いを馳せていた。

4歳の時、親父に連れられて、地元テイネの千尺ゲレンデ(現在は閉鎖されている)でスキーデビューをした時のことを思い出した。コースの脇にトラックのエンジンを改造して作ったロープトーがあり、そこで初めてスキーを履かされた。足首上までのフニャフニャなゴム靴と、踵が上がるカンダハーの金具。歩くだけでもバランスを崩し、何度も転ぶ。ようやく移動してロープトーに捕まろうとすると、ミトングローブをはめた小さな手で太いワイヤーをつかむことができず、また転ぶ。幼いなりに後ろの人に迷惑をかけないよう頑張るけど、何回やっても転んで坂を上がることができず、俺は親父の脚にすがってビービー泣いていた。

「よし！」一本杖で軽く押すと、思ったよりもなめらかに古代スキーは滑り出した。ミアさんのお手本を忠実に真似て、バランスのポイントを探りながらスピードを上げていく。ただ雪の上を滑っている感触とバランスをとることに熱中する。スキー元来の遊び要素が何なのかを、俺は1本目で気づいてしまった。またしても、デジャブのように幼少の記憶が蘇ってきた。幼少の俺は、活発な兄に比べリフトデビューがなかなかできない臆病者だった。そんな俺が恐る恐るリフトデビューしたのがテイネの白樺ゲレンデにある第三リフトだった。最初は緊張してガチガチだったけど、1本2本と滑るうちに少しずつ自信がついてきた。大好きな親父はスキー検定の講習を受けに行ってしまったし、兄貴もジュニアのスクールに入っていたので、ひとりぼっちになってしまった。いつもの俺なら寂しがったと思うけど、スキーを滑り出したら全く寂しくなかった。スキーが雪の上を滑っている不思議な感触。まるで風そのものになったような爽快な気分。バランスをとることの面白さに俺は熱中していた。大股開きの直滑降で飽きもせず、同じコースをひたすら滑りまくっていると、12回の回数券も残り1点になってしまった。しょんぼりしながら改札にいくと、改札のにいちゃんが「小僧、スキー楽しいか？」と言って少し笑った。「うん」「そうか、もう1回行ってこい」そう言って残り1点を切るフリをして回数券を俺に渡した。「え？ いいの？」と思いながら一本滑ってくると、兄ちゃんはまたしてもオマケしてくれた。こうして、親父がレッスンを終えて帰ってくるまで、滑り続けさせてくれたのだった。

さて、エッジのない古代スキーを分析すると、まずスキーを雪面に平らに置くのが基本だ。つまり、プルークスタンスはNGで、どうしても脚を開いてバランスを取りたい場合は、脚を平行に開き、ガニ股でスキーを雪面に対し水平に置くのだ。靴がグラグラ動くし前後に支えられないので、重心を踵に置き、杖の先を背後の雪面に錠のように差し込むことで3点支持をつくりバランスをとる。微妙な方向調整は、カヌーのパドルのように右に左に抵抗をつくることで可能だ。下まで滑りきると、心が明らかに踊っているのを感じていた。「イェ〜イ！」俺は、無意識に両手で杖を高々と上げ、踵を返して、そのまま坂を駆け上がっていった。シールをつけたり外したりしないことで、スキーは全て一筆書きとなる。下りと登り、どっちも同じスキーという潔い道具の心地よさに俺は喜びを感じていた。

古代スキーを原点として、スキーは物凄い発展を遂げてきた。用具の進化、スキー技術の進化、スキー施設や山への交通手段の進化…。人間の欲求はとどまることを知らない。もっと早く、もっと格好良く、もっと楽に、もっとたくさん、もっといろんなところで…。スキーの可能性を求めることで、人間の能力を遥かに超えるような、信じられないことができるようになった。俺はまったくエコじゃない飛行機や4WDのハイエースに乗って、自然の素晴らしさを写真や映像、文章などで発信してきた。「スキーを履けばなんでもできる…」「雪山で最も自由な生き物…」可能性を追求することこそがスキーの魅力を追求することだと思っていたのだ。しかし、いま古代スキーを滑り

ながら、地球に対して謙虚さを忘れてはならないと感じていた。巨大な雪山を一瞬で滑り抜けることができる最新のスキーが、ほんの小さな坂で満面の笑みで楽しめる昔のスキーより優れているとは言えないと思うのだ。新しいスキーと古いスキーの違いに触れる旅として始まった今回だけど、実は、豊かなスキーとは何かを探す旅だったのかもしれない。

俺は、すっかり古代スキーに熱中し、何度も滑るうちにテレマークターンを習得した。ミアさんが目を丸くして「本当に初めてか？ えらく上手いな！」と言った。古代スキーの名人にそう言われて嬉しくないはずがない。スキップするように坂を登っていくと、下方から圭くんの叫び声が聞こえてきた。「うわー！ 俺の馬がどっかに逃げていなくなっちゃった！」ヤンチャな馬が広大な草原の彼方に走っていくのを、馬乗りのおっちゃんが追いかけていく。そんな、コミカルな風景を日当たりのよい斜面から眺めながら、キツネの毛皮で作った帽子を脱いで、額に滲んだ汗を拭った。もう17時になるけれど、新疆の夕暮れはまだまだ先だ。ずっとこの時間が続けばいいのに…。俺はスキーヤーとして、聖地巡礼ができた喜びに酔いしれていた。

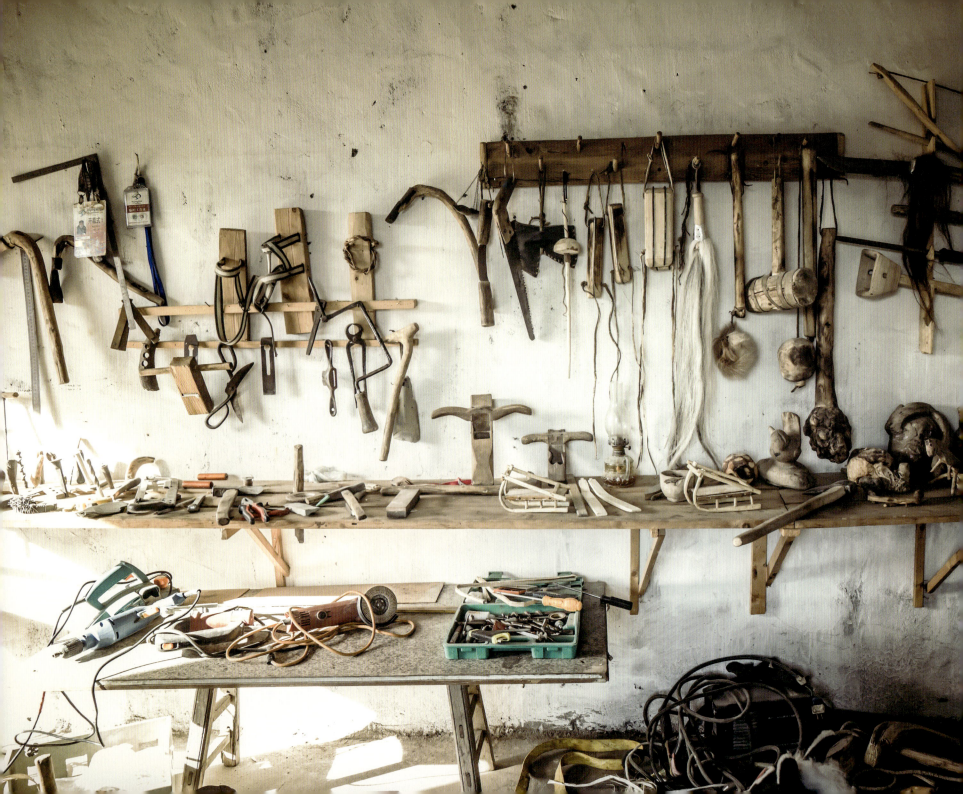

朝日を見るために、早起きして村の近くの丘に登った。丘の上から見下ろすと、禾木村はまるで自然の一部のように、小さな盆地にひっそりと佇んでいた。群青の空に明けの明星が瞬き、やがて山の端から少しづつ氷が解け出すように、暖色に変わってゆく。太陽が昇ってまた沈むという当たり前のことが、何か特別で神秘的に思えた。一日一生。一日一日、新たに生まれ変わった気持ちで、瑞々しい気持ちで生きれたら…旅先では、朝日と共に一日が産声をあげる瞬間に立ち会うのが多い分、気づかされることが多い。新たな発見や出会い、驚きや感動に満ちた旅では、一日の価値が高まったような錯覚をおぼえる。しかし、どんな一日も、その人次第なのだ。今日が上手くいかなければ、明日またやってみれば良い。

清々しい気持ちで一日をスタートした俺たちは、禾木村から車で1時間半戻った峠にあるバックカントリーを目指した。しつこいようだが、俺たちのドライバーは本当に運転が下手くそだ。蛇行はするし、急ハンドル切るし、それでいてノロノロ運転なのだ。しかも、デカいランクルでバスやタクシーでは行けない山奥に案内するのが仕事のくせに、車が汚れるのを極端に嫌がり、度々車を停めてはタイヤを洗っていやがる。「ランクルである必要ないじゃん！」しかし、平均月収10万円程度の阿爾泰で、1,200万円を叩いて新車のランクルを買った彼の気持ちが全くわからないでもない。おっちゃんの運転にイラつきながら峠を3つ超えると、徐々に雪景色が広がり始めた。このエリアに到着した日に一度通った道だけど、注意深く見ると美しい青抜けのなめらかな斜面やツリーランが楽しめそうな斜面が次々に目に入ってきた。「あ！ 今のウィンドリップ、いいんじゃない？ お！ あのタルチョ入れ込んで写真撮ったらヤバくない？」ついさっきまでテンションが低かった圭くんが、突然目をキラキラ輝かせはじめた。カナス湖方面に向かう道を曲がり、峠のトップにある駐車帯に車を停めると、俺たちはテキパキと滑る準備を済ませた。俺は目の前に見えている比較的緩やかな大斜面の上部を目指してハイクを開始。圭くんは道路を移動して斜面のボトムに回り込んだ。斜面はそんなに急じゃないけど、山のトップからあらゆる方向にロング滑走して車道まで降りられる、まさにスキーを滑るためにあるような山だということがすぐに分かった。

俺は期待感で鼻息を荒げながらシールを滑らせて登っていく。表面のコーンスノーは粒が大きくてフワフワな感触だけど、底地は割としっかりしていて弾力のある踏み心地だ。この雪ならばスキーがよく滑りそうだし、コーンスノーのスプレーも上がりそうだ。ベチョ濡れのシールをザックにねじ込みゴーグルを装着すると、阿爾泰の春の日差しにゴーグル内が温室のようになった。顔に汗をかくまえにウェアブルカメラの録画ボタンを押し、圭くんに合図して斜面に飛び込んでいった。上空でドローンの羽音が響いている。さらに集中すると、音のない境地に入っていく。まるで俺が滑りにくるのを待ってくれていたかのような、すべすべの雪面が広がり、俺は母に抱かれる子供のような心地良さを感じながら、いつもより大きなターンでスピードを上げていった。この快感をバックカントリースキーをやらない人に伝えるには、俺の日本語力では10分の1も伝わらないだろう。仕事や家庭のことに折り合いをつけ、様々な面倒なことをクリアし、トラブルをいくつも乗り越え、スキーバックという文字通り「お荷物な相棒」と共に、世界で一番内陸にある村にまでやってきた。そこまでして、たった1本滑っただけで「スキーを持ってきて良かった」いや、大袈裟じゃなく「スキーヤーに生まれて良かった」と思える瞬間がある。そんな濃密な一瞬を求めて探求するロマンを持ち続けたいと、俺は改めて思っていた。一本で完全に火がついた俺と圭くんのセッションは、まるで何かに取り憑かれたかのように集中力を切らさずに繋がっていった。今までの旅でも、このような「ゾーン」に入ることがあった。俺の身体は、水や食料を補給しなくてもひたすら動き続け、滑りもどんどん切れ味を増していった。滑りながら、なぜこの地でスキーが生まれたのか、わかるような気がしてきた。たしかに、狩りや戦いの用具として生まれた用具ではあるけれど、この広大でなめらかな斜面を目にした時、「この美しい山を鳥のように駆け抜けてみたい」と思ったはずだ。移動手段としてだけではなく、そこには必ず遊びの心があったと思うのだ。

俺は、大斜面に特大のターンを刻み、何度も登り返して貪るように滑った。徐々に標高を下げると道路までの急斜面は極上のフィルムクラストが迎えてくれた。「最後の一本！」と言って、何回登り返しただろうか？ 道路脇に降りてきた時には、グローブは雪でずぶ濡れになり、ウェアは薄汚れ、真っ黒に日焼けした2人のでっかい笑顔が溢れていた。このやりきった感こそが、俺たちを何度も旅に誘う媚薬なのだ。

「か、か、かんぱーい！」水の一滴も飲まず、滑りに没頭していた身体に染み渡るビールが毛細血管を伝って全身に広がるのを感じた。全身に鳥肌が立ったかと思うと、その直後に身体中の細胞が弾けるような喜びに包まれ、思わず白眼をむいてしまった。野球に例えるならば、9回裏、2死ランナー無しから、10点ビハインドを覆して、逆転サヨナラ勝ちをしたような気分だった。今思えば、全く滑れずに駆けずり回った1stトリップも、先行きが不安でいっぱいだった将軍山スキー場も、スキーの神様によって用意された筋書き通りだった気がしてならなかった。

終着と始発のターミナル

旅の間、毎日のように奥さんから親父の容体を報告するメッセージが入っていた。在宅医療の先生に回診に来てもらい、看護師の資格を持っている奥さんにも頼りながら、緩やかに、そして出来る限り苦痛を伴わないように、枯れていく日々だった。まだ旅の序盤だったある日、いつもと違う時間にメッセージが届いた。「義父さんが意識を失ってホスピスに緊急搬送されたの」誤嚥性肺炎を起こし、高熱が続いているという。入院してからというもの、半日単位で容態が悪化していき、ほとんどベッドから起き上がれないまでに衰弱してしまった。「義父さん、タケシに会いたいって、毎日言っているよ」照れ屋の親父は「タケシに会いたい」なんて、今まで一度も口にしたことはない。そんな親父が毎日のように言っているのだ。親父との別れの時がすぐそこに迫っているのを感じていた。日本に帰ってから、直行で至仏山での2日間のスキーツアーを行い、そこから北海道に帰ると、空港から病院に直行した。親父の衰弱ぶりは著しく、意識も朦朧とした状態だったけど、俺の帰りを喜んでくれたからか、そこから一旦体調を持ち直した。「ずっとタケシに会いたいって言っていたから、会えた瞬間に満足して、そのまま逝ってしまうんじゃないかって、心配してたんだよ」兄貴が少し笑って言った。10年前、奥さんを病気で失っている兄貴は、親父の死期が近づいている現実を受け入れられなくて、ずっと苦しんできた。「どんな手段を使ってもいい。1分1秒でも長く生きて欲しい」という兄貴を諭して、ホスピスで最期を看取ることを家族みんなで決めるまで、かなりの話し合いと、心を整理する時間を要した。でも、今こうして、家族みんなが同じ方向を向いていて、親父との時間1秒1秒を噛み締めて過ごしていることが、涙が出るくらい嬉しかった。きっと親父も同じように思っているだろう。念願の料亭に食事をしに行ったり、最後の外泊で自宅に帰ったり。ただ一緒にいられることが、こんなにも幸せなことなんだと、今まで思ったことはなかった。そして、過去最長のゴールデンウィークの最終日、俺のスキーシーズンの仕事が終わるのを待っていたかのように、孫5人を含む家族全員に囲まれて、親父は静かに息を引き取った。スキーの神様はいるのだ。俺は空を見上げていた。親父がスキーの神様に誘われて、天国に昇っているのが目に見えるようだった。

「圭くん。親父の最期、ちゃんと看取ることができたよ」「そっか…、大変だったね。でも、最期を一緒に過ごせて、本当に良かったね」俺と圭くんは、いつも色々な旅を企ててきたファミレスで、コーヒーをす

すっていた。親父の病気を宣告されて一年。覚悟はしていた。親父より長く生きることができて、最低限の親孝行ができたとホッとしている自分もいる。それでも、なんとも言えない喪失感で、心の中にぽっかりと穴が空いたような状態だった。圭くんは、一口多めに含んだコーヒーを飲み下すと、少し間を置いてから、ゆっくりした口調で語り始めた。「タケちゃん、次行きたいところ、決めたよ」「え？」俺は一瞬耳を疑った。旅先を決めるには、いつもより大分早い時期だったし、圭くんはいつも「スキーヤー児玉毅」が直感的に行きたいと思った場所を優先して旅先に決めようと言っていたからだ。俺は一瞬戸惑っていたけれど、圭くんは行きたいと思っている場所の話を、目をキラキラさせながら語り始めた。さらには、地球を滑る旅のYOUTUBEチャンネルを作りたいという新たな野望まで飛び出してきた。俺は、圭くんが語る山々や計画の話よりも、熱っぽく語る圭くんの表情ばかりを眺めていた。このタイミングで旅の話を持ち出したのは、きっと圭くんなりの俺への激励なのだろう。

「人生色々あるけれど、様々なことに折り合いをつけて旅に出ること。俺たちの旅のテーマでしょ」どんなお悔やみのメッセージより、心に響くひとことだった。何だか笑いがこみ上げてくるのは、いつぶりだろうか。俺は、ちょっとぎこちなく笑いながら言った。「そうだね。来シーズンは、長男の小学校の卒業式と中学校の入学式があるから、旅の時期のことで面倒かけるけど、よろしく！」「ま、まじか〜！」圭くんはガハハと笑いながらハイタッチを求めてきた。「サンキュー」俺たちはハイタッチを交わすと、残りのコーヒーを飲み干して席を立った。

スキーのお手本だと思って追いかけていた親父のスキー技術を超えたのは、確か小学6年の頃だった。俺は、コブ斜面に手こずる親父を追い抜いて、どんどん先に行くのが楽しかった。「おお！ すごいな〜！」「おいおい、待ってくれよ〜！」「大したもんだ！」「速かったな〜」俺は、親父の声と視線を背中に感じながら、のびのびと滑り回った。

あの頃、背中に感じた心地よい暖かみ。不思議なことに、今ふわっと感じることができるのだ。親が死んでから、本当の独り立ちが始まるというけれど、俺はこの先もずっと、天国の親父に背中から見守られながら、どこまでも、どこまでも、滑り続ける。